Storr/Unger/Wollenschläger (Hrsg.)

Der Europäische Rechtsraum

Grundlagen, Herausforderungen und Perspektiven

Wissenschaftliches Symposium zum 60. Geburtstag von Peter M. Huber

Münchener Reden zur Europäischen Integration
Band 8

Der Europäische Rechtsraum

Grundlagen, Herausforderungen und Perspektiven

Wissenschaftliches Symposium zum 60. Geburtstag von Peter M. Huber

Herausgegeben von

Prof. Dr. Stefan Storr
Professor für Österreichisches und Europäisches Öffentliches Recht an der Wirtschaftsuniversität Wien

Prof. Dr. Sebastian Unger
Professor für Öffentliches Recht, Wirtschafts- und Steuerrecht an der Ruhr-Universität Bochum

Prof. Dr. Ferdinand Wollenschläger
Professor für Öffentliches Recht, Europarecht und Öffentliches Wirtschaftsrecht an der Universität Augsburg

BOORBERG

Bibliografische Information der Deutschen Nationalbibliothek |
Die Deutsche Nationalbibliothek verzeichnet diese Publikation in der Deutschen Nationalbibliografie; detaillierte bibliografische Daten sind im Internet über www.dnb.de abrufbar.

1. Auflage, 2021
ISBN 978-3-415-06889-6

Titelfoto: © Jürgen Priewe – Fotolia / ra-photos – istockphotos | Satz: abavo GmbH, Nebelhornstraße 8, 86807 Buchloe | Druck und Bindung: Esser printSolutions GmbH, Westliche Gewerbestraße 6, 75015 Bretten

Richard Boorberg Verlag GmbH & Co KG | Scharrstraße 2 | 70563 Stuttgart
Stuttgart | München | Hannover | Berlin | Weimar | Dresden
www.boorberg.de

Vorwort

Am 21. Januar 2019 hat *Peter M. Huber*, Inhaber des Lehrstuhls für Öffentliches Recht und Staatsphilosophie an der Juristischen Fakultät der Ludwig-Maximilians-Universität München und Richter des Bundesverfassungsgerichts, sein 60. Lebensjahr vollendet. Aus diesem Anlass veranstalteten seine Schüler *Stefan Storr*, *Sebastian Unger* und *Ferdinand Wollenschläger* am 25. Januar 2019 ein wissenschaftliches Symposium zum Thema „Der Europäische Rechtsraum: Grundlagen, Herausforderungen und Perspektiven". 200 Gäste aus dem In- und Ausland, aus Wissenschaft, Justiz, Politik, Verwaltung, Anwaltschaft und Notariat, Unternehmen, Verlagen sowie Gesellschaft folgten der Einladung in die Räumlichkeiten der Carl Friedrich von Siemens Stiftung in München und verliehen damit ihrer Wertschätzung für den Jubilar Ausdruck.

Die Frage nach den Grundlagen, Herausforderungen und Perspektiven des Europäischen Rechtsraums greift ein Thema auf, mit dem sich *Peter M. Huber* aus ganz unterschiedlichen Perspektiven und in unterschiedlichen Rollen immer wieder befasst hat und das ihn bis heute beschäftigt. Im Zentrum stand in den letzten Jahren das Handbuchprojekt *Ius Publicum Europaeum*. Dieses zu Beginn dieses Jahrtausends zusammen mit *Armin von Bogdandy* konzipierte, mittlerweile auf zehn Bände zugehende Monumentalwerk erschließt aus vergleichender Perspektive den Europäischen Rechtsraum. Es hat über einhundert Autorinnen und Autoren aus ganz Europa – auch über das Projekt hinaus – zusammengebracht. *Peter M. Huber* betrachtet den Europäischen Rechtsraum freilich nicht nur aus wissenschaftlicher Perspektive oder gar aus dem Elfenbeinturm. Er führt vielmehr ein „Doppelleben". Er hat den Europäischen Rechtsraum an wichtigen Stellen aktiv mitgestaltet, nicht nur als viel gefragter Berater, etwa in der Föderalismuskommission I, sondern auch als Politiker, namentlich als Innenminister des Freistaates Thüringen, und heute vor allem als Richter des Bundesverfassungsgerichts im Zweiten Senat.

Das Symposium führte die unterschiedlichen Perspektiven auf den Europäischen Rechtsraum zusammen. *Armin von Bogdandy* und *Christoph Grabenwarter* brachten in ihren Vorträgen die wissenschaftliche Sicht ein. Das zweite Panel, moderiert von *Reinhard Müller* von der Frankfurter Allgemeinen Zeitung, betrachtete den Europäischen Rechtsraum mit Beiträgen des Präsidenten des Europäischen Gerichtshofs *Koen Lenaerts*, des Präsidenten des Bundesverfassungsgerichts *Andreas Voßkuhle*, des Parlamentarischen Staatssekretärs im Bundesministerium des Innern, für Bau und Heimat

Günter Krings und des Bayerischen Staatsministers der Justiz a. D. *Winfried Bausback* aus verfassungsgerichtlicher und politischer Perspektive. Der vorliegende Band versammelt Beiträge zum Symposium. Wir möchten mit ihm den anregenden und schönen Wintertag in Nymphenburg festhalten und unserem akademischen Lehrer noch einmal herzlich gratulieren.

Wir bedanken uns beim Geschäftsführer der Carl Friedrich von Siemens Stiftung *Heinrich Meier* für die Gastfreundschaft anlässlich des Symposiums. Dank gebührt ferner *Arnd-Christian Kulow* vom Richard Boorberg Verlag für die umsichtige Begleitung der Publikation sowie den Mitarbeiterinnen und Mitarbeitern des Bochumer Lehrstuhls für Öffentliches Recht, Wirtschafts- und Steuerrecht für die redaktionelle Bearbeitung der Beiträge. Federführend war hier *Eva Ricarda Lautsch*.

Wien, Bochum und Augsburg, Juni 2020

Stefan Storr
Sebastian Unger
Ferdinand Wollenschläger

Inhaltsverzeichnis

Laudatio

Stefan Storr

Peter Michael Huber wurde am 21. Januar 1959 geboren, lebte zunächst in Landau und in Jesolo, war sodann Schüler im Benediktinergymnasium Ettal. Als Stipendiat der Stiftung Maximilianeum studierte er Rechtswissenschaften an der Ludwig-Maximilians-Universität München und an der Universität Genf. 1987 wurde er nach Ablegung des zweiten juristischen Staatsexamens in München mit einer Arbeit über „Grundrechtsschutz durch Organisation und Verfahren als Kompetenzproblem in der Gewaltenteilung und im Bundesstaat“ bei *Peter Badura* promoviert.

Peter Badura war sehr prägend für *Peter Michael Huber*. Immer wieder hat *Peter Michael Huber* erzählt, wie er nach der Baduraschen Staatsrechtsvorlesung wusste, dass er Staatsrechtslehrer werden wollte. Rückblickend verwundert es deshalb nicht – es war geradezu konsequent –, dass er auch wissenschaftlicher Assistent bei *Badura* wurde. 1992 hat er sich mit einer Arbeit über „Konkurrenzschutz im Verwaltungsrecht“ habilitiert, die Lehrbefähigung für Staats- und Verwaltungsrecht und schon bald einen Ruf an die Universität Augsburg erhalten. Dort blieb er nur ein Semester, denn inzwischen hatte ihn ein weiterer Ruf an die Universität Jena erreicht.

Die Jenaer Fakultät war damals nahezu „verwaist“. Viele ostdeutsche Kolleginnen und Kollegen waren aus der Fakultät ausgeschieden und es gab viele ostdeutsche Studierende, die einerseits wissbegierig waren und sich auf die neue Ordnung einlassen wollten, andererseits aber auch verunsichert waren und von den neuen Regeln des früheren „Klassenfeindes“ bisweilen noch überzeugt werden mussten. Zusammen mit einigen wenigen Kollegen und Kolleginnen lag es an *Peter Michael Huber*, die Fakultät bei laufendem Betrieb aufzubauen. Was ihn damals auszeichnete, war sicherlich eine Sensibilität für diese Situation, sein Optimismus, seine Zuversicht und auch seine Leistungsbereitschaft, die er von sich und den Studierenden forderte. Vor allem aber war er überzeugt von der Richtigkeit und Alternativlosigkeit des Rechtsstaats – und das lebt er bis heute vor, das thematisiert er in seinen Vorträgen und dafür argumentiert er leidenschaftlich.

Mit seiner Jenaer Antrittsvorlesung zum Vertrag von Maastricht hat er sein Lebensthema gefunden, die Möglichkeiten und Grenzen supranationaler Integration. *Peter Michael Huber* will diese Grenzen nicht nur ausloten, sondern mitgestalten. Jedoch nicht als Gegner der europäischen Integration, sondern im Gegenteil als Verfechter der europäischen Idee, aber eben im

Wege des Rechts, das heißt der Rechtsstaatlichkeit. Ihm waren und sind zwei Punkte sehr wichtig: Erstens, dass das Demokratieprinzip des Art. 20 GG nicht das alleinige Legitimationskonzept für Europa sein kann, aber dass eine Nivellierung des deutschen Demokratieprinzips auf Kosten schwammiger Integrationsfloskeln wie des *effet utile* oder intransparenter *package deals* im Rat nicht erfolgen darf. Zweitens, dass die Mitgliedstaaten die Herren der Verträge sind und keine autonomen Gliedstaaten eines unvollendeten Bundesstaats. Und wenn der Europäische Gerichtshof vor allem in der Anfangszeit seiner Judikatur die allgemeinen Verfassungsüberlieferungen der Mitgliedstaaten als europäische Rechtserzeugungsquelle bezeichnet hat, dann war das für *Peter Michael Huber* keine Bestätigung der Richtigkeit seiner Überzeugung, sondern wissenschaftlicher Auftrag, diese europäischen Rechtserzeugungsquellen zu erforschen und grundlegend aufzuarbeiten. Und hier hat er ohne Zweifel Pionierarbeit geleistet.

Ein bedeutender Meilenstein in seiner Forschung war sicherlich der Vortrag vor der Staatsrechtslehrervereinigung zum Thema „Europäisches und nationales Verfassungsrecht", den er im Oktober 2000 gehalten hat, ein weiterer sein Projekt Ius Publicum Europaeum, das er zusammen mit *Armin von Bogdandy* und anderen ins Leben gerufen hat. Das Ius Publicum Europaeum sucht in der akademischen Landschaft seinesgleichen. Die Mühen eines solchen Forschungsprojekts kann man nur erahnen. Man muss sich darauf einlassen, über einhundert Rechtswissenschaftlerinnen und Rechtswissenschaftler aus möglichst vielen Mitgliedstaaten dafür zu gewinnen, Beiträge zu einem bestimmten Themengebiet nach einer bestimmten Schablone zu erstellen und dabei die Besonderheiten der Rechtsordnung eines Mitgliedstaates herauszuarbeiten, ohne das Raster der rechtsvergleichenden Konzeption zu verlassen.

Anfang 2000 erfolgten weitere Rufe, einer nach Erlangen, den er abgelehnt hat, einer nach Bayreuth, den er angenommen hat, und schon kurze Zeit später ein weiterer an die Ludwig-Maximilians-Universität München. Er hat hier – was in einem Wissenschaftlerleben eine seltene Ehre ist – den Lehrstuhl seines akademischen Lehrers *Peter Badura* übernehmen dürfen.

Aber *Peter Michael Huber* hat sich nicht nur der Wissenschaft verschrieben. Er ist ein Rechtswissenschaftler mit dem Blick und vor allem auch mit der Fähigkeit für das Praktische, wie seine Tätigkeiten als Richter am Thüringer Oberverwaltungsgericht, als Richter am Staatsgerichtshof der Freien Hansestadt Bremen, als Dekan der Jenaer Rechtswissenschaftlichen Fakultät, als Mitglied der Kommission zur Ermittlung der Konzentration im Medienbereich (KEK), als Vorsitzender des Deutschen Juristen-Fakultätentages und als Innenminister des Freistaats Thüringen gezeigt haben.

Mit der Ernennung zum Richter des Bundesverfassungsgerichts im Jahre 2010 ist für *Peter Michael Huber* ein Lebenswunsch in Erfüllung gegangen. Richter des höchsten deutschen Gerichts zu sein, bedeutet für ihn nicht nur Verantwortung für den Staat und das Gemeinwesen zu übernehmen, sondern auch Bedeutendes bewirken zu können. Als Berichterstatter im Zweiten Senat hat er wichtige Entscheidungen vorbereitet und mitentschieden. Wegweisend, ja grundlegend sind die Entscheidungen zum Europäischen Stabilitätspakt und zur Vereinbarkeit des OMT-Beschlusses der Europäischen Zentralbank mit dem Grundgesetz.

Die Mitglieder seiner Lehrstühle schätzten seine besondere Großzügigkeit, seine umfassende Unterstützung, seine Schnörkellosigkeit und seine freundschaftliche Offenheit, seinen Drang zu gestalten, wissenschaftliche Werke zu schaffen und die anderer zu begleiten sowie seinen Optimismus. Das Attitüdenhafte ist nicht seins, aber der Respekt vor dem Diskussionspartner, sei es der wissenschaftliche Nachwuchs, seien es eine Kollegin oder ein Kollege. Die Überzeugung, dass es um „die Sache geht", dass das bessere Argument zu suchen und, ist es gefunden, zu vertreten ist, und zwar auf eine faire Art und Weise, und dabei die feste Überzeugung, das Richtige zu tun, sind sein Antrieb und sein an sich selbst gestellter Auftrag. Die Verantwortung für das Gemeinwohl und das Bedürfnis, auf dieser Welt Spuren zu hinterlassen – nicht nur im Recht, sondern auch als Mensch –, sind seine Motivation und seine Lebenseinstellung. Und auch darin ist er Vorbild für seine Schüler, unzählige Studierende und viele andere.

Der Verfassungsgerichtsverbund: Resonanz, Harmonie und Dissonanz

Christoph Grabenwarter

Inhaltsverzeichnis

I. Einleitung

Im Oktober 2000, zum zehnten Jahrestag der Deutschen Einheit, tagte die Vereinigung der Deutschen Staatsrechtslehrer in Leipzig. Der Vorsitzende vermerkte in der Tagungspublikation, dass es eine besondere Komponente in den Musikangeboten gab. Die Musikstadt Leipzig stellte mit dem Gewandhaus für das wissenschaftliche Programm ihre beste Bühne zur Verfügung. Musik wurde dort aber bestenfalls im übertragenen Sinn geboten. Es gab gleich zu Beginn einige *Dissonanzen*, als sich die Teilnehmer mit der

Vergangenheit ihrer Zunft in der Zeit des Nationalsozialismus beschäftigten.[1] Die *Harmonie* nahm am zweiten Tag zu, als einiges an Zukunftsmusik zum europäischen und nationalen Verfassungsrecht geboten wurde. Die größte Bodenhaftung auf den Bühnenbrettern behielt der zweite Referent *Peter Michael Huber*; er deklinierte die Verfassungsfunktionen in der EU, qualifizierte das nationale Verfassungsrecht als „Bezugs- und Rezeptionsreservoir für das Unionsrecht", analysierte den Auslegungsvorgang an der Schnittstelle zwischen europäischem und nationalem Verfassungsrecht und beschrieb das Kooperationsverhältnis zwischen Verfassungsgerichten und dem EuGH, das – so *Huber* – von Konfliktvermeidung geprägt sei.[2] Und wie bei allen Referenten zum Thema gab es am Ende einige Überlegungen zur Grundrechte-Charta, die drei Tage zuvor in Nizza feierlich proklamiert worden war.[3] Neun Jahre vor ihrem Inkrafttreten und zwölf Jahre vor dem Urteil *Åkerberg Fransson* beschwor *Huber* die Gefahren einer zu weitgehenden Auslegung der Wendung „Durchführung des Unionsrechts" in Art. 51, eine Formulierung, an deren Zustandekommen er im Hintergrund nicht ganz unbeteiligt war.[4] Damit wären wir bei der *Resonanz*.

Die Eindrücke von Resonanz, Harmonie und Dissonanz sollen in diesem Beitrag nicht auf Leipziger Erinnerungen beschränkt bleiben, sondern auf die Verfassungsgerichtsbarkeit in Europa bezogen werden. Funktionen der Verfassungsgerichtsbarkeit im Verfassungsgerichtsverbund bilden den Ausgangspunkt. Im zentralen Teil geht es dann um Harmonie und Resonanz im Tagesgeschäft der europäischen Verfassungsgerichte – Judizieren im Verbund. Die Perspektive auf den Verfassungsgerichtsverbund ist eine zweifache, zunächst soll der Blick auf die Voraussetzungen der Kooperation geworfen werden: Vergleichen und Vergewissern. Die zweite Perspektive umfasst die Modalitäten des Zusammenwirkens selbst, begrifflich gefasst in die Trias des Konkurrierens, des Ergänzens, des Verstärkens. Damit soll beschrieben werden, wie Verfassungsgerichte heute zur Rechtsstaatlichkeit im europäischen Rechtsraum beitragen. Auch wenn der Anlass dieses Symposiums ein erfreulicher ist, sind die Fehlentwicklungen in manchen Staaten Europas in den Blick zu nehmen. Im letzten Teil geht es daher um Dissonanzen, genauer um Vertrauens-, Rechtsstaats- und Demokratiekrisen im Verfassungsverbund und ihre Konsequenzen für die Zusammenarbeit

1 *Dreier* und *Pauly* referierten über „Die deutsche Staatsrechtslehre in der Zeit des Nationalsozialismus", VVDStRL 60 (2001), 9, 73; Aussprache, ibid., 106 ff.

2 *Huber*, VVDStRL 60 (2001), 194.

3 *Huber*, VVDStRL 60 (2001), 194 (239).

4 Vgl. *Huber*, VVDStRL 60 (2001), 194 (240), sowie mit Hinweisen auf die Entstehungsgeschichte *ders.*, EuR 2008, 190 (197 mit Fn. 51).

der Verfassungsgerichte. Die Zukunft dessen, was die Verfassungsgerichte im demokratischen Verfassungsstaat leisten, soll mehr als Frage denn als sichere Prognose am Ende der Ausführungen stehen.

II. Verbundterminologie: Vom Staatenverbund über den Gerichtsverbund zum Werteverbund

Am Beginn aber steht in guter deutscher Tradition eine begriffliche Reflexion. Hat die Staatsrechtslehre im Jahr 2000 noch die Frage umgetrieben, ob die Europäische Union mangels Staatlichkeit eine Verfassung haben kann,[5] so ist unser Denken heute begrifflich in Verbundvokabeln eingebettet. Seit dem Jahr 1992 sind deutsche Staats- und Europarechtler mit dem – schwer in andere Sprachen zu übersetzenden – Begriff des *Staatenverbundes* vertraut. Es ist eine terminologische Schöpfung eines ehemaligen Richters des Zweiten Senates, der damit zum Ausdruck bringen wollte, dass es zwischen dem Staatenbund und dem Bundesstaat eines dritten Begriffs bedarf, um zum Ausdruck zu bringen, dass die staatliche Souveränität der Mitgliedstaaten der Union unverändert aufrecht sei, die Staaten gleichwohl enger zusammengeschlossen sind als in einem Staatenbund.[6] Später wurde der Begriff des *Verfassungsverbundes* geprägt, auf das Prozesshafte bezogen und auch auf der Leipziger Tagung diskutiert.[7]

Die heutige Verbundterminologie bezogen auf die Verfassungsgerichte hat jedoch weiter gehende Konnotationen. Der von *Andreas Voßkuhle* in einem Beitrag in der Neuen Zeitschrift für Verwaltungsrecht im Jahr 2010 eingeführte Begriff des *Europäischen Verfassungsgerichtsverbundes* sollte die vielfältigen Arten des Zusammenspiels von Verfassungsgerichten, Menschenrechtsgerichtshof und EuGH terminologisch fassen.[8] Eine Intention dieser Begriffsbildung war es explizit auch, hierarchischen Vorstellungen im Verhältnis zwischen europäischen Gerichtshöfen und nationalen Verfassungsgerichten entgegenzuwirken.[9] Die Verbundterminologie wird in der jüngsten Diskussion um die Einhaltung der Werte des Art. 2 EUV durch

5 Vgl. statt vieler *Pernice*, VVDStRL 60 (2001), 148 (155 f.).

6 *P. Kirchhof*, in: Isensee/P. Kirchhof (Hrsg.), Handbuch des Staatsrechts der Bundesrepublik Deutschland, Bd. VII, 1992, § 183 Rn. 38.

7 *Pernice*, VVDStRL 60 (2001), 148 (163).

8 *Voßkuhle*, NVwZ 2010, 1.

9 *Voßkuhle*, NVwZ 2010, 1 (3): „Dabei ermöglicht er [der Begriff des europäischen Verfassungsgerichtsverbundes, Anm.] den Verzicht auf räumliche, stark vereinfachende Bilder wie Gleichordnung, Über- und Unterordnung“.

einzelne Mitgliedstaaten noch dahingehend weitergeführt, dass nunmehr nicht mehr nur von einer Werteunion oder Wertegemeinschaft,[10] sondern sogar von einem Werteverbund[11] gesprochen wird.

Staatenverbund, Verfassungsgerichtsverbund und Werteverbund – alle drei Begriffe lassen die Vorstellung eines verstärkten Kooperationsverhältnisses mitschwingen, bei genauem Hinhören wird ein verstärktes Zusammengehörigkeitsgefühl ausgelöst, das über die technisch-juristische Beschreibung hinausgehend auch eine politische Funktion hat. Verbundbegriffe vermitteln etwas Versöhnliches, Gemeinschaft suggerierendes, Einheit beschwörendes, jedenfalls etwas Positives. Für die Rechtswissenschaft dienen die genannten Begriffe der Beschreibung des Zusammenwirkens in Europa, insbesondere jener des Verfassungsgerichtsverbundes. Dieser Verbund ist aber brüchig geworden, das begrifflich beschworene Gemeinsame zeigt Risse und Absetzbewegungen. Von diesen soll am Ende die Rede sein.

III. Funktionen der Verfassungsgerichte im Verbund

Verfassungsgerichte haben an der Schnittstelle zwischen europäischem Recht und nationalem Recht wenigstens fünf Funktionen: eine Verbindungsfunktion, eine Übersetzungsfunktion, eine Legitimationsfunktion, eine Ergänzungsfunktion und eine Kontrollfunktion. Je nach betroffenem Sachbereich steht einmal diese, einmal jene Funktion im Vordergrund.[12]

In der *Verbindungsfunktion* sind Verfassungsgerichte gleichsam das Bindeglied zwischen nationalem und europäischem Recht. Sie entscheiden letztverbindlich über Verfassungsfragen, sind maßgeblicher Bezugspunkt für europäische Gerichtshöfe, aber auch andere Organe der Europäischen Union. Sie sind umgekehrt gehalten, neues Fallrecht und neue Praxis aus dem europäischen Recht im innerstaatlichen Recht oft als erste zu verarbeiten. In ihrer Verbindungsfunktion wachen sie – jedenfalls in Deutschland und in Österreich gestützt auf die verfassungsgesetzliche Garantie des Rechts auf den gesetzlichen Richter – im Rahmen ihrer Zuständigkeiten auch darüber, dass letztinstanzliche nationale Gerichte, die nach Art. 267 AEUV zur Vorlage verpflichtet sind, dieser Pflicht auch nachkommen.

10 Vgl. *Voßkuhle*, Die Idee der Europäischen Wertegemeinschaft, 2018.

11 *Calliess*, JZ 2004, 1033 (1041 f.).

12 Dazu *von Bogdandy/Grabenwarter/Huber*, in: dies. (Hrsg.), Verfassungsgerichtsbarkeit in Europa: Institutionen in Europa, Ius Publicum Europaeum, Bd. VI, 2016, § 1 Rn. 15 ff.

In der *Übersetzungsfunktion* tragen Verfassungsgerichte wesentlich zur Verbreitung der europäischen Rechtskultur in den staatlichen Rechtsordnungen bei. Sie rezipieren europäische Entscheidungen, sie diskutieren und zitieren sie – und sie sorgen damit maßgeblich für die Verbreitung europäischen Rechts im innerstaatlichen Bereich. Indem sie europäische Entscheidungen in den innerstaatlichen Kontext übertragen, übersetzen sie gleichsam auf der europäischen Ebene gewählte Begründungswege, dogmatische Figuren und Begriffe in das innerstaatliche Recht. Eine wichtige Rolle spielen dabei Integrationsartikel in den nationalen Verfassungen nach dem Muster des Art. 23 GG, die die Gerichte dazu anhalten, in Offenheit für die europäische Integration Recht zu sprechen, wenn sie nationales Unionsverfassungsrecht oder einschlägiges Unionsrecht auslegen.[13]

In der *Legitimationsfunktion* kommt zum Ausdruck, dass Verfassungsgerichte europäische Entscheidungen im innerstaatlichen Bereich nicht nur verbreiten, sondern ihre Bedeutung noch steigern. Verfassungsgerichte machen europäische Entscheidungen oft überhaupt erst bekannt, durch zustimmende Zitierung verleihen sie ihnen zusätzliche Legitimation. Dort, wo Verfassungsrecht durch Europarecht inhaltlich beeinflusst ist, konkretisieren Verfassungsgerichte Verfassungsrecht im Lichte europäischer Gebote. Es ist daran zu erinnern, dass Verfassungsgerichte seit den 1960er Jahren etwa den Vorrang des Gemeinschafts-, später des Unionsrechts gegenüber nationalem Recht zur Prämisse ihrer Judikatur gemacht haben, mögen sie mitunter auch Einschränkungen formuliert haben, die sie im Laufe der Jahrzehnte modifiziert haben. Verwiesen sei auf die Solange-Rechtsprechung des Bundesverfassungsgerichts[14] oder die *controlimiti*-Rechtsprechung der italienischen *Corte costituzionale*.[15]

Verfassungsgerichte haben in der Vergangenheit gerade im Bereich des Grund- und Menschenrechtsschutzes aus europäischer Sicht eine *Ergänzungsfunktion* ausgeübt. Grundrechtsschutz auf europäischer Ebene kann nur punktuell und subsidiär erfolgen. Gäbe es die Verfassungsgerichte (und vergleichbare Höchstgerichte mit entsprechenden Befugnissen) nicht, gäbe es für europäische Grundrechte nur höchstens lückenhaften Rechtsschutz, mögen die Kataloge von Garantien noch so ausführlich und in neue Bereiche hineinreichend sein. Zum EuGH gelangt man als Einzelperson gar

---

13 Rechtsvergleichend *Grabenwarter*, in: von Bogdandy/Bast (Hrsg.), Europäisches Verfassungsrecht, 2. Aufl. 2009, 121 (136 ff., 171 ff.).

14 BVerfGE 37, 271 – Solange I; BVerfGE 73, 339 – Solange II.

15 Grundlegend die Entscheidung der *Corte Costituzionale* v. 27.12.1973, Nr. 183/1973 (abgedruckt in EuGRZ 1975, 311).

nicht, nach Straßburg ist es durch das Erfordernis der Rechtswegerschöpfung und einer strengen Zulässigkeitsprüfung in jedem Fall ein weiter Weg.

Schließlich haben Verfassungsgerichte eine *Kontrollfunktion*, um verfassungsrechtlich gebotene Standards zu wahren. Früh wurde diese Funktion vom Bundesverfassungsgericht aktiviert, als es darum ging, Defizite im Grundrechtsschutz des Europäischen Gemeinschaftsrechts auszugleichen. Andere Gerichte sind gefolgt. Die Identitätskontrolle, die der Zweite Senat im Beschluss vom 15.12.2015 im Zusammenhang mit dem Rahmenbeschluss zum Europäischen Haftbefehl zu seinem Prüfprogramm macht,[16] ist ebenfalls Ausfluss der Kontrollfunktion der Verfassungsgerichte, nicht weil die Grundrechte auf Unionsebene mangelhaft wären oder der Rahmenbeschluss selbst notleidend wäre, sondern weil der Vollzug wegen Defiziten in der Justiz und im Strafvollzug einzelner Mitgliedstaaten zur Verletzung von Grundrechten des Verfassungsrechts, allen voran der Menschenwürde, führen könnte.

IV. Judizieren im Verbund: Vom Vergleichen zum Verstärken

1. Voraussetzungen des kooperativen Verfassungsgerichtsverbundes: Vergleichen und Vergewissern in Integrationsoffenheit

Vor dem Hintergrund dieser Funktionen der Verfassungsgerichtsbarkeit soll ein Blick auf das Wie der Funktionserfüllung geworfen werden, und zwar in zwei Schritten: Vergleichen und Vergewissern im ersten Schritt als Voraussetzung des zweiten Schritts, der mit den Begriffen der Konkurrenz, des Ergänzens und des Verstärkens beschrieben werden kann.

a) Vergleichen

Der Vorgang der Auslegung von Grundrechten des Verfassungsrechts, die eine Entsprechung im europäischen und internationalen Recht haben, ist auf systematisches Denken verwiesen. In zahlreichen Verfassungen europäischer Staaten ist der Einfluss internationaler Menschenrechtsgarantien auf das nationale Verfassungsrecht unverkennbar. Am extremsten ist das Beispiel der österreichischen Bundesverfassung, in der die EMRK überhaupt formal Bestandteil des Verfassungsrechts ist. Vergleiche mit internationalen Menschenrechtsgarantien sind in einer solchen Rechtslage ein sys-

16 BVerfGE 140, 317 – Identitätskontrolle I.

tematisches Argument,[17] aber oft auch Teil entstehungsgeschichtlicher, historischer Auslegung. Auch die europäischen Gerichtshöfe müssen vergleichen. Einerseits vergleichen sie innerhalb des internationalen Rechts, sie vergleichen aber auch die Auslegung europäischer wie nationaler Grund- und Menschenrechtsgarantien durch innerstaatliche Gerichte, insbesondere Verfassungsgerichte. Dies geschieht im Vorgang der Feststellung eines europäischen Standards und bildet einen Zwischenschritt in der sogenannten „autonomen Interpretation" von Garantien der Menschenrechtskonvention durch den Straßburger Gerichtshof.[18]

b) Vergewissern

Auf das Vergleichen folgt der Vorgang des Vergewisserns. Erbringt das Vergleichen das Ergebnis der Identität oder gar ein höheres Niveau des innerstaatlichen Grundrechtsbestandes, so sind die Konsequenzen der Einbeziehung internationaler Standards jedenfalls bei zweipoligen Grundrechtsverhältnissen gering.

Die Berücksichtigung europäischer Standards hat aber darüber hinaus einen wesentlichen Mehrwert für die Begründung des Ergebnisses staatlicher Gerichte. Diese Standards verleihen zusätzliche Autorität, wobei der Zusatznutzen stark vom jeweiligen Verfassungsbewusstsein und der Autorität des Verfassungsgerichts abhängt. Auch dort, wo keine Korrektur notwendig ist, kann ein neuer und zusätzlicher Begründungsstrang aus dem europäischen Recht hinzutreten. Hier wird deutlich, dass das Durchdeklinieren eines Grundrechtssachverhalts im internationalen Kontext gleichsam eine zusätzliche „Reflexionsschleife" bildet.

Beispiele für ein solches Vergewissern sind ausführliche Begründungen von Verfassungsgerichten, die manchen Umweg in methodischer Reflexion gehen, um zu einem Ergebnis zu gelangen, das womöglich auch bloß auf der Basis des Verfassungsrechts erzielt worden wäre. Der Görgülü-Beschluss,[19] das zweite Caroline-Urteil[20] oder die zweite Entscheidung zur

17 *Grabenwarter*, Verfahrensgarantien in der Verwaltungsgerichtsbarkeit, 1997, 16 ff.; *Grabenwarter/Pabel*, Europäische Menschenrechtskonvention, 6. Aufl. 2016, § 5 Rn. 8 ff.

18 *Matscher*, in: Schwind (Hrsg.), Aktuelle Fragen zum Europarecht aus der Sicht in- und ausländischer Gelehrter, 1986, 102; *ders.*, in: FS für Hermann Mosler, 1983, 545; *Grabenwarter*, Verfahrensgarantien in der Verwaltungsgerichtsbarkeit, 1997, 19 ff.; *McCrudden*, Comparative International Law and Human Rights, 2018, 440, 449 ff.

19 BVerfGE 111, 307.

20 BVerfGE 101, 361.

Sicherungsverwahrung[21] sind als Beispiele aus der Karlsruher Rechtsprechung zu nennen.

2. Konkurrieren, Ergänzen und Verstärken

Auf das Vergleichen und Vergewissern folgt die eigentliche Rechtsprechungstätigkeit der Verfassungsgerichte in der Europäischen Union. Sie ist geprägt von Entscheidungssituationen, die mehrere Rechtsordnungen zu berücksichtigen haben. Unterschiedliche Gerichte treten dabei in Konkurrenz zueinander, sie ergänzen einander und sie können sich gegenseitig in ihrer Wirkung verstärken.

a) Konkurrenzen

Weil es für jede Rechtsordnung Gerichte gibt, die wenigstens auch, meist auch primär zur letztverbindlichen Auslegung berufen sind, entstehen Konkurrenzen, die potentiell auch unterschiedliche Ergebnisse zeitigen. Eine solche Konkurrenzsituation gibt es im Bereich der Grund- und Menschenrechte durch das Nebeneinander von verfassungsgesetzlichen Rechten wie jenen des Grundgesetzes, der EMRK und der GRC. Hier geht es nicht darum, die Konkurrenzen im Einzelnen zu analysieren,[22] sondern vielmehr darum, ihre Bedeutung für das Verhältnis der Gerichte zueinander auszuloten und zu bewerten.

Für die Konkurrenzsituation im Grundrechtsbereich gibt es eigene Regelungen, nämlich Art. 53 EMRK und den nahezu wortgleichen Art. 53 GRC. Sie verschaffen dem nationalen Grundrechtsstandard Raum und lassen Luft nach oben, weil sie höhere nationale Standards unberührt lassen, wobei nicht übersehen werden darf, dass Art. 53 EMRK bei mehrpoligen Grundrechtsverhältnissen keine Verschiebung auf einer Seite des Dreiecksverhältnisses zulässt, wenn dies auf der anderen Seite zu einer Verschlechterung führt.[23] Jenseits von Art. 53 EMRK zeigt sich vor allem im Verhältnis zwischen dem EuGH und dem EGMR in jüngerer Zeit eine Dynamik, die im Ergebnis zu höherem Grundrechtsschutz führt. Hier bilden etwa die systemischen Mängel im Asylwesen im Rahmen des Dublin-Systems, die zu grundrechtlichen Hindernissen für aufenthaltsbeendende Maßnahmen im Verhältnis zwischen zwei Mitgliedstaaten der Europäischen Union führen,

21 BVerfGE 128, 326.

22 Eingehend *Grabenwarter*, in: Schumann (Hrsg.), Hierarchie, Kooperation und Integration im Europäischen Rechtsraum, 2015, 129.

23 *Grabenwarter*, EuGRZ 2004, 563 (566 f.).

ein Beispiel, in dem EuGH[24] und EGMR[25] im Zusammenwirken eine Anhebung des Niveaus des Grundrechtsschutzes herbeigeführt haben.

Ein Beispiel für Grenzen der Erhöhung des Schutzniveaus bildet das vom EGMR aus Art. 11 EMRK entwickelte Streikrecht von Arbeitnehmern und Beamten.[26] Hier finden sich EuGH und Verfassungsgerichte Seite an Seite mit der doch sehr weit gehenden Auslegung des Art. 11 EMRK konfrontiert. Der EuGH hatte die EGMR-Annahmen in Bezug auf Kollektivmaßnahmen auf Arbeitgeberseite mit der kollidierenden Niederlassungs- und Dienstleistungsfreiheit in Einklang zu bringen.[27] Das BVerfG verarbeitete die Straßburger Rechtsprechung in eleganter Form im Einklang mit den Grundsätzen des Berufsbeamtentums nach Art. 33 Abs. 5 GG.[28]

Ein Charakteristikum des ergänzenden Zusammenwirkens von EGMR, EuGH und BVerfG ist es, dass die Gerichte dort mit Zurückhaltung agieren, wo eine vorrangige Kompetenz des jeweils anderen Gerichtshofes angenommen und akzeptiert wird und eine effektive Grundrechtskontrolle auch tatsächlich stattfindet. Vor allem die Geschichte des Verhältnisses zwischen der Rechtsprechung des EuGH und jener des BVerfG ist von der Zurücknahme der Kontrolle, gestützt auf das Vertrauen effektiver Grundrechtskontrolle im jeweils anderen Bereich gekennzeichnet. Mit Inkrafttreten der Charta vor rund zehn Jahren erhielt diese Entwicklung eine neue Dynamik. Als Negativum in der Perspektive der Zusammenarbeit der Gerichte ist zu vermerken, dass der EuGH mit seinem nur durch die Sorge um seine Stellung zu erklärenden Gutachten 2/13 den Beitritt zur EMRK für die nächsten Jahre verhindert, mindestens aber erschwert hat.[29]

Die Art. 51 bis 53 der Charta sind darauf angelegt, mögliche Konflikte zwischen den Grundrechtsebenen zu vermeiden und Auslegungsergebnisse zu harmonisieren. Eine wesentliche Spannungslage im Bereich von Art. 51 ist dabei in jenen Fällen gegeben, in denen nationale Rechtsvorschriften im Bereich von Grundfreiheiten, im Besonderen Gesetze, sowohl für reine Inlandssachverhalte als auch für grenzüberschreitende Sachverhalte gelten. In einem Normenkontrollverfahren kann kein Zweifel bestehen, dass ein Verfassungsgericht, und vor dem Hintergrund des Grundgesetzes nament-

24 EuGH, Urt. v. 21.12.2011 – Rs. C-411/10 u. a. – ECLI:EU:C:2010:806 – N. S.

25 EGMR (GK), Urt. v. 21.1.2011 – Nr. 30696/09 – M. S. S.

26 *Grabenwarter/Pabel*, Europäische Menschenrechtskonvention, 6. Aufl. 2016, § 23 Rn. 88.

27 EuGH, Urt. v. 11.12.2007 – Rs. C-438/05 – ECLI:EU:C:2007:772 – Viking; EuGH, Urt. v. 18.12.2007 – Rs. C-341/05 – ECLI:EU:C:2007:809 – Laval; dazu eingehend die Beiträge in Freedland/Prassl (Hrsg.), Viking, Laval and Beyond, 2014.

28 BVerfGE 148, 296 – Streikrecht; vorbereitend *Kaiser*, AöR 142 (2017), 417.

29 Kritisch z. B. *Breuer*, EuR 2015, 330; *Grabenwarter*, EuZW 2015, 180.

lich auch das BVerfG, die ihm von der Verfassung auferlegte Zuständigkeit zur Prüfung am Maßstab der Grundrechte ausübt. Die Charta gibt mit Art. 52 Abs. 3 eine Handhabe für die harmonisierende Auflösung von Konkurrenzen. Es war übrigens *Peter Michael Huber*, der bei einem Treffen der deutschsprachigen Verfassungsgerichte mit den Europäischen Gerichtshöfen in Straßburg im Herbst 2016 für ein weniger auf Konflikt und Konkurrenz gerichtetes Vorgehen aller Gerichte plädiert hatte.

Im Verhältnis zwischen dem EGMR und dem BVerfG ist das Zusammenwirken der Gerichte durch eine Steuerung der Kontrolldichte bestimmt, die der Straßburger Gerichtshof mit dem Beurteilungsspielraum der Mitgliedstaaten („margin of appreciation") umschreibt, wie etwa beim Persönlichkeitsschutz in der medialen Bildberichterstattung.[30] Bestimmende Elemente dieser Kooperation sind der „margin of appreciation" und „Korridorlösungen" bei Abwägungsergebnissen im Zusammenhang mit kollidierenden Rechten in mehrpoligen Grundrechtsverhältnissen.[31] In bisher nicht gekannter Offenheit betont das BVerfG in der Entscheidung zur Sicherungsverwahrung vom 4. Mai 2011 – eine der ersten Senatsentscheidungen, an denen *Peter Michael Huber* mitgewirkt hat – die Bedeutung der EMRK als Auslegungshilfe für die Grundrechte des Grundgesetzes. Es betont aber auch, dass man bei dem vom Gericht so bezeichneten aktiven Rezeptionsvorgang Vorsicht walten lassen müsse, wenn es darum ginge, völkerrechtliche Begriffe verfassungsrechtlich zu kontextualisieren.[32]

Alle in diesem Bereich genannten Beispiele zeigen, dass es bei der Konkurrenz der Gerichte nicht um ein blindes Wettrennen um ein höheres Schutzniveau ohne Rücksicht auf Verluste geht. Vielmehr führt sie zu einer Verdichtung des Grundrechtsschutzes im Dialog der Gerichte,[33] der durch einen weiteren Faktor begünstigt wird: Das Verhalten der Rechtsschutzsuchenden. In völlig legitimer Weise suchen sich die Rechtsschutzsuchenden jenen Weg der Rechtsdurchsetzung, der ihnen am vielversprechendsten vorkommt. Diese Form des „forum shopping" bringt dann je nach Konstellation zufällig einmal bei diesem Gericht, das andere Mal bei jenem Gericht, ein Rechtsproblem zuerst zur Entscheidung. Es sind also die Bürger, welche

---

30 Vgl. aber auch die intensive Abwägungsprüfung bei gleichzeitiger Betonung des „margin of appreciation" in: EGMR, Urt. v. 24.6.2004 – Nr. 59320/00, Rn. 57, 79 – *von Hannover* „Having regard to all the foregoing factors, and despite the margin of appreciation afforded to the State in this area, the Court considers that the German courts did not strike a fair balance between the competing interests" (79).

31 Vgl. *Grabenwarter*, EuGRZ 2006, 487.

32 BVerfGE 128, 326 (366 ff.); Fortführung in BVerfGE 148, 296 (350 ff.) – Streikrecht.

33 *Voßkuhle*, NVwZ 2010, 1 (8); vgl. auch *Merli*, VVDStRL 66 (2007), 392 (418); *Hoffmann-Riem*, NJW 2009, 20 (26).

die beiden anderen Merkmale des Zusammenwirkens der Gerichte aktivieren, nämlich das Ergänzen und Verstärken.

b) Ergänzung

In der eingangs beschriebenen Funktion des Abdeckens von Rechtsschutzlücken wurde bereits deutlich, dass die verschiedenen Gerichte im Verbund einander ergänzen. Diese gegenseitige Ergänzung wird im Verhältnis zwischen den Gerichtshöfen in Straßburg und Luxemburg unmittelbar deutlich, weil eine Kontrolle mitgliedstaatlichen Handelns im Anwendungsbereich des Unionsrechts mangels Mitgliedschaft der Union in der EMRK nicht der Straßburger Kontrolle unterliegt. Hier müssen jedenfalls für die nächste Zeit substituierende Formen der Kontrolle stattfinden, den Verfassungsgerichten kommt dabei eine Schlüsselrolle zu. Im Verhältnis der beiden europäischen Gerichte werden Spannungen soweit wie möglich und so früh wie möglich aufgelöst, das Verhältnis ist seit Jahrzehnten durch Abwarten, durch gegenseitige Zitate und durch Zurücknahme der Kontrolle im Einzelfall bestimmt.

c) Gegenseitige Verstärkung

Im Fall einer Divergenz von nationalen Standards mit europäischen Standards liegen die Folgen des Vergewisserns in der Verstärkung von verfassungsrechtlichen Standards. Die Reflexion führt hier bei völkerrechtsfreundlicher Haltung zu Korrekturerfordernissen, zu Anpassungen und am Ende zu Veränderungen der Rechtsprechung. Das kann, muss aber nicht Auswirkungen auf das Ergebnis haben. Mindestens ebenso bedeutsam sind neue, belastungsfähigere Wege in den Begründungen. Nicht notwendig im höheren Schutzniveau, sondern in der gesamt gesehen besser abgesicherten Begründung liegt hier die Verstärkung.

Auch der europäische Richter vergleicht und vergewissert sich – und er verstärkt am Ende europäische Standards, die gleichzeitig aus nationalen Standards gespeist sind. Das Vergleichen finden wir in der Entscheidungsvorbereitung beim EuGH durch dessen wissenschaftlichen Dienst, sodann in den Schlussanträgen der Generalanwälte. In den Urteilen des EGMR werden Vorgang und Ergebnis unmittelbar transparent gemacht, indem eigene Abschnitte der Rechtsvergleichung gewidmet sind, die am Ende auf die Feststellung des Vorliegens (oder Nichtvorliegens) eines „europäischen Standards" gerichtet sind, dessen Vorliegen oder Nichtvorliegen entscheidend dafür ist, ob eine Verstärkung durch höhere Kontrolldichte vorgenommen wird, oder aber den Mitgliedstaaten ein größerer Beurteilungsspielraum – der angesprochene *margin of appreciation* – gelassen wird.

Eine weitere Form des Verstärkens zwischen den europäischen Gerichtshöfen untereinander sowie zwischen diesen und den Verfassungsgerichten kommt in wechselseitigen Bezugnahmen auf die Rechtsprechung zum Ausdruck.[34] Diese Einschätzung ist mittlerweile sowohl in qualitativer als auch in quantitativer Hinsicht für das Bundesverfassungsgericht zutreffend. Das Gericht hat heute jede früher noch vorhandene Reserve in der Zitierung der Straßburger Rechtsprechung aufgegeben. Diese Bezugnahmen ermöglichen in vielen Fällen überhaupt erst die Kenntnisnahme von Straßburger Rechtsprechung, weil die Zahl ihrer Entscheidungen mittlerweile so groß geworden ist, dass die Entscheidungen nicht mehr als Leitentscheidungen wahrgenommen werden können, mögen sie in der Datenbank auch nach ihrer Relevanz in vier Kategorien („relevance levels") eingeteilt werden.[35] Dazu kommt, dass Urteile des EGMR meist längere Zeit, viele aber überhaupt nicht in deutscher Sprache verfügbar sind. Die Heranziehung einzelner Urteile des EGMR durch Verfassungsgerichte vermittelt diesen eine herausgehobene Stellung und bewirkt, dass sie in der universitären Lehre, in der wissenschaftlichen Literatur und in der fachgerichtlichen Praxis über europa- und völkerrechtliche Spezialisten hinaus verstärkt rezipiert werden.

Eine besonders deutliche Form der Verstärkung hat der österreichische Verfassungsgerichtshof im Bereich der Grundrechte vorgenommen, indem er die Charta-Rechte den verfassungsgesetzlichen Grundrechten (zu denen auch die EMRK gehört) gleichsetzte und in seinen Prüfungsmaßstab integrierte.[36] Die Details der zunächst umstrittenen Rechtsprechung sind hier nicht wesentlich, eine besondere Rolle spielte das österreichische Spezifikum, dass die Rechte der EMRK im Rang von Verfassungsrecht stehen; erheblich ist, dass die Rechtsprechung heute allgemein akzeptiert ist – wie selbstverständlich werden die Charta-Artikel neben jenen der EMRK zitiert und dort, wo sie über die EMRK hinausgehen – wie das bei den Justizgrundrechten der Fall ist – auch vom Verfassungsgerichtshof herangezogen.[37] Dies geschieht im Bewusstsein, dass ein Gericht, das anders als der EuGH auf die

---

34 *Gebauer*, Parallele Grund- und Menschenrechtsschutzsysteme in Europa?, 2007, 340 ff. m.w.H.; *Gundel*, in: FS für Dieter H. Scheuing, 2011, 59 (Fn. 9).

35 Vgl. die statistische Auswertung von *Jestaedt*, JZ 2011, 872. Für 2017 ergibt sich folgendes Bild: Beim EGMR waren 63.350 Verfahrenseingänge zu verzeichnen. 85.951 Anträge wurden durch Urteile in der Sache (1.068), Zulässigkeitsentscheidungen oder durch Streichung aus dem Register (vgl. Art. 37 Abs. 1 erster Satz EMRK) erledigt.

36 VfGH, Erk. v. 14.3.2012 – VfSlg 19.632/2012.

37 Vgl. nur z.B. die ausschließlich auf Art. 47 Abs. 2 GRC gestützte Aufhebung eines fremdenrechtlichen Erkenntnisses eines Verwaltungsgerichts: VfGH, Erk. v. 26.11.2018 – E 4221/2017.

Kontrolle im Bereich der Grundrechte spezialisiert ist und die Charta konstant anwendet, durch das breite Fallmaterial von rund 5000 Entscheidungen jährlich gemeinsam mit anderen mitgliedstaatlichen Gerichten maßgeblich zur Ausprägung der Charta-Rechte beiträgt, auch indem es die Rechte der EMRK und der eigenen Verfassung noch präziser zum Abgleich bringen kann, als es der EuGH regelmäßig tun kann.

Damit hängt eine letzte oben bereits angesprochene Form der Verstärkung im Gerichtsverbund zusammen. Das Vorabentscheidungsverfahren nach Art. 267 AEUV verklammert nationale Gerichte und den EuGH in besonders intensiver und effektiver Form auf der Ebene des Verfahrensrechts. Die Vorlageberechtigung und -verpflichtung trifft im Regelfall Zivil-, Straf- und Verwaltungsgerichte, im Einzelfall aber auch die Verfassungsgerichte. Durch die Praxis der Verfassungsgerichte, auch selbst Fragen der Auslegung des Unionsrechts dem EuGH vorzulegen[38] oder aber vorlageverpflichtete letztinstanzliche Gerichte zur Vorlage anzuhalten, stärken sie den EuGH in seiner Stellung als Gericht, das zur letztverbindlichen Auslegung des Unionsrechts berufen ist.[39]

Schließlich stärken die Verfassungsgerichte die Rechtsgemeinschaft und damit die Werteunion dadurch, dass sie über die Einhaltung der demokratischen und rechtsstaatlichen Garantien in der Durchführung des Unionsrechts durch die Organe der Mitgliedstaaten wachen. Dazu gehört die verfassungsgesetzlich gebotene Beteiligung der Parlamente[40] ebenso wie die Sicherung der Zuständigkeit und Unabhängigkeit von Gerichten bei der Gewährung von Rechtsschutz gegen Akte im Anwendungsbereich des Unionsrechts. Damit verstärken sie letztlich die demokratische Legitimation und die rechtsstaatliche Qualität des Unionsrechts.

3. Zwischenbilanz

Versucht man im Dickicht zunehmender Judikaturleistungen der Gerichte Linien und Tendenzen auszumachen, so lassen sich in einem allgemeinen Befund Angleichungsvorgänge auf allen Ebenen feststellen, die durch

38 BVerfGE 134, 366 – OMT-Beschluss; BVerfGE 146, 216 – Identitätskontrolle II; VfGH, Beschl. v. 10.3.1999 – VfSlg 15.450/1999 – Energieabgabe; VfGH, Beschl. v. 12.12.2000 – VfSlg 16.050/2000 – Einkommensbezogene Daten; VfGH, Beschl. v. 2.3.2001 – VfSlg 16.100/2001 – Türkische Arbeitnehmer; VfGH, Beschl. v. 28.11.2012 – VfSlg 19.702/2012 – Vorratsdatenspeicherung. Aus anderen Mitgliedsstaaten z. B. jüngst Entscheid des belgischen Verfassungsgerichtshofes v. 4.4.2019 – Nr. 53/2019 – Schlachtung von Tieren.

39 *Voßkuhle*, European Journal of Sociology 2017, 145 (150).

40 *Voßkuhle*, European Journal of Sociology 2017, 145 (157).

gegenseitige Rezeption bestimmt sind.[41] Die Kooperationsform ist der Dialog der Richter und Gerichte, der nur im informellen Rahmen tatsächlich als Gespräch stattfindet, im Übrigen aber von Reaktionen auf vorangegangene Entscheidungen anderer Gerichte bestimmt ist.

Im Verhältnis zwischen dem EGMR und dem BVerfG sind die Angleichungsvorgänge besonders deutlich. Sie sind vor allem auf eine Gleichheit der Ergebnisse gerichtet, in der Wahl des Begründungsweges entwickelt vor allem das BVerfG Spielräume mitgliedstaatlicher Autonomie, die es in den Grundsatz der Verhältnismäßigkeit einbettet.[42]

Im Verhältnis zwischen dem EuGH und dem BVerfG ist der Ton durchaus Schwankungen unterworfen, wenn wir an die Formulierung in der Rn. 91 des Urteils des Ersten Senats zum Antiterrordateigesetz[43] denken, wonach das Urteil *Åkerberg Fransson* in einer bestimmten Lesart als offensichtlicher ultra vires-Akt angesehen werden könne, wodurch Schutz und Durchsetzung der mitgliedstaatlichen Grundrechte in einer Weise gefährdet wären, welche „die Identität der durch das Grundgesetz errichteten Verfassungsordnung in Frage stellte".

Jedenfalls ist mittlerweile wieder atmosphärische Beruhigung eingetreten. Die verfassungsgerichtliche Aufgabe der Normenkontrolle gerät regelmäßig nicht in Konflikt mit den Aufgaben des EuGH. Wenn und solange ein Verfassungsgericht nicht die Effektivität des Unionsrechts beeinträchtigt, ist es nicht gehindert, seiner Aufgabe zur Normenkontrolle im Überschneidungsbereich mit dem Unionsrecht umfassend nachzukommen. Es hat hier häufig aus prozessualen Gründen sowie im Hinblick auf die potentiell raschere und umfassendere Bereinigung einer Grundrechtsverletzung (Normverwerfungsmonopol) die Vorhand. Es nimmt seine Aufgabe mit umso größerer Akzeptanz wahr, je besser es – bei Wahrung von Spielräumen im Ergebnis und in einer gewissen Vielfalt in der Dogmatik und damit in den Begründungswegen, die nicht nur unschädlich für die Rechtseinheit ist, sondern den Wert des Verbundes besonders deutlich macht – europäische Grundrechtsgehalte in die Auslegung und Anwendung der nationalen Grundrechte aufnimmt. Eine Vorlagepflicht für die Fachgerichte stellt sich nicht in jedem Fall, in dem sich ein Grundrechtsstreit nach nationalem Verfassungsrecht auch als ein unionsrechtlicher Grundrechtsfall konstruieren lässt,[44] jedenfalls dann nicht, wenn das Verfassungsgericht im Fall des Falles zur

---

41 *von Danwitz*, EuGRZ 2013, 253 (260 f.).

42 BVerfGE 128, 326 (366 ff.).

43 BVerfGE 133, 277 (316).

44 *Masing*, JZ 2015, 477 (486).

Vorlage bereit ist. Hier ist es primär in der Hand des Verfassungsgerichts, geleitet von den Vorgaben des nationalen (Verfassungs-)Rechts, zu entscheiden, ob es auf Grund seiner Zuständigkeit die Voraussetzungen der Vorlagepflicht bei sich oder beim (letztinstanzlichen) Fachgericht sieht. Unangebracht wäre der Vorwurf an das BVerfG, es hätte den Grundrechtsdialog mit dem EuGH durch eigene Vorlage besser gestalten können als durch die Verpflichtung des Fachgerichts zur Vorlage. Aus unionsrechtlicher Sicht sind beide Varianten grundsätzlich gleichwertig, aus verfassungsrechtlicher Sicht mag es Gründe für die eine oder andere Variante geben.

Für die Mehrzahl europäischer Verfassungsgerichte wie für das Bundesverfassungsgericht gilt, dass sie institutionell unangefochten eigene Grundrechte selbständig interpretieren, gleichwohl auch internationalen Menschenrechten und insbesondere der EMRK offen gegenüberstehen. Das gibt ihnen die Verfassung vor und sie verstärken es in ihrer Rechtsprechung.

Innerstaatliche Gerichte haben in einem Dialog mit europäischen Gerichten ihre Kontrolltätigkeit fortentwickelt und verfeinert. Verfassungsgerichtliche Anpassungsstrategien tragen den sich verdichtenden europäischen Menschenrechtsdiskurs maßgeblich, indem sie auf die normativen Rahmenbedingungen des nationalen Verfassungsrechts verweisen, im Ergebnis aber eine europarechtsfreundliche Wahrung der Grundrechte bewirken.

Ein Beispiel aus Deutschland ist die mehrfach erwähnte Sicherungsverwahrung, wo es heißt, dass das Grundgesetz Grenzen der völkerrechts- bzw. konventionsfreundlichen Auslegung, die im Wesentlichen mit der Grenze vertretbarer Auslegung nach den anerkannten Methoden der Gesetzesauslegung und Verfassungsinterpretation markiert werden.[45] Die italienische *Corte Costituzionale* hatte die Pflicht zur Befolgung von Rechtsprechung des EGMR auf Piloturteile und auf „konsolidierte“ Rechtsprechung reduziert, dies aus Anlass einer weitgehenden Auslegung des menschenrechtlichen nulla-poena-Grundsatzes durch den Straßburger Gerichtshof.[46]

Der österreichische Verfassungsgerichtshof hat die EMRK als Teil des österreichischen Verfassungsrechts früh in seine Rechtsprechung integriert und zitiert die Urteile des EGMR unverändert. Mitunter geht er wie andere Verfassungsgerichte auch der europäischen Rechtsprechung voran, vor allem in Fragen, in denen es keinen europäischen Konsens gibt – Stichworte sind die Ehe für alle[47] oder das Recht, nicht einem der beiden Geschlechter zu-

45 BVerfGE 128, 326 (371).

46 *Corte Costituzionale*, Entscheidung v. 14.1.2015 – Nr. 49/2015. Dazu m. w. N. *Paris*, ZaöRV 77 (2017), 623 (631 ff.).

47 VfGH, Erk. v. 4.12.2017 – VfSlg 20.225/2017.

geordnet zu werden.[48] An anderer Stelle treten Verfassungsgerichte wie das deutsche oder, das italienische Gericht in einen kritischen Dialog mit dem EGMR. Im Hinblick auf den österreichischen Verfassungsgerichtshof war dies der Fall im Zusammenhang mit einem (zu) weit verstandenem Doppelbestrafungsverbot[49] oder was das Recht von Waldeigentümern betrifft, unter Berufung auf die Menschenrechte die Jagd auf ihrem Grund zu untersagen.[50] All diese Beispiele[51] stehen für eine bestimmte Art eines konstruktiven judikativen Dialogs mit dem Europäischen Gerichtshof für Menschenrechte, der zu wechselseitigen Feinkorrekturen führt, juristische Frontalzusammenstöße aber vermeidet. So wird das, was zunächst als eine Schwächung erfahren wird, nach der Beseitigung der Judikaturdivergenz zur Stärkung des Verbundes.

Die faktischen Rahmenbedingungen müssen bei der Leistungsfähigkeit der Gerichte berücksichtigt werden. Zu dieser organisatorisch-quantitativen Perspektive tritt die qualitative Perspektive hinzu. Die drei Gerichtshöfe hatten aller Kooperationsrhetorik zum Trotz von allem Anfang an unterschiedliche Aufgaben. Die Anwendung der Charta durch den EuGH und die Öffnung des BVerfG zur EMRK ändern daran nichts. Das BVerfG ist ein mächtiges Verfassungsgericht, das über die Verfassungsbeschwerde für jeden Bürger offen ist und dessen Entscheidungen unmittelbare Bindungswirkung entfalten. Der EuGH war ursprünglich Integrationsmotor einer Wirtschaftsgemeinschaft und befasst sich heute auch mit dem Menschenrechtsschutz in einer gegenüber dem Europarat relativ geschlossenen Rechtsgemeinschaft, aber eben doch nicht in einem Staat. Der EGMR hat wieder eine andere Funktion. Er war von Anfang an als *die* Menschenrechtswahrungsinstanz in Europa eingesetzt, dies jedoch in einem völkerrechtlichen Kontext. Für diesen Kontext ist maßgeblich, dass die Wahrung eines Mindeststandards an Grundrechten und damit die Gewährung von Spielräumen der Mitgliedstaaten charakteristisch ist. Die Auslegung ein und derselben Garantie kann daher mittelfristig durchaus andere Zugänge

48 BVerfGE 147, 1; VfGH, Erk. v. 15.6.2018 – G 77/2018.

49 VfGH, Erk. v. 2.7.2009 – VfSlg 18.833/2009, in Auseinandersetzung insbesondere mit EGMR (GK), Urt. v. 10.2.2009 – Nr. 14939/03 – ECHR 2009-I, 291 – Zolotukhin/Russland. Weitere Entwicklung des Dialogs: EGMR (GK), Urt. v. 15.11.2016 – Nr. 24.130/11 u.a. – A und B/Norwegen; bzw. VfGH, Erk. v. 11.10.2017 – VfSlg 20.207/2017.

50 VfGH, Erk. v. 15.10.2016 – VfSlg 20.103/2016; in Auseinandersetzung insbesondere mit EGMR, Urt. v. 26.6.2012 – Nr. 9300/07 – Herrmann/Deutschland.

51 Zum Dialog VfGH/EGMR vgl. *Struth*, GVRZ 2/2019, 12.

weisen, die sich insbesondere bei der Bestimmung des sogenannten „margin of appreciation“ der Mitgliedstaaten zeigen werden.[52]

V. Krisen

An dieser Stelle hätte der Beitrag noch vor wenigen Jahren enden können. Aber wir schreiben das Jahr 2019 und sind seit über drei Jahren mit unübersehbaren Erosionserscheinungen im Verfassungsgerichtsverbund konfrontiert. Polen, Ungarn, Rumänien sind Beispiele aus der Europäischen Union, Russland und Türkei solche aus dem größeren Europa des Europarates. Mehr im Überblick als in einer Detailanalyse soll abschließend auf einige Fragen und Probleme eingegangen werden, die sich aktuell im Verfassungsgerichtsverbund stellen.

1. Klimawandel für Demokratie und Rechtsstaat

Einige Demokratien und Rechtsstaaten sind in Krisen geraten und mit ihnen einige Verfassungsgerichte, die mit dem Beitritt ihrer Staaten zur EU bzw. zur EMRK zu Teilen des Verfassungsgerichtsverbundes wurden. Dies z. T. als Folge gravierender Eingriffe in das Verfahrensrecht oder durch die Neubestellung eines großen Teils ihrer Richter in einer Phase des Übergangs und der Ambivalenz.

Im Mittelpunkt der Diskussion stehen das ungarische und das polnische Verfassungsgericht.[53] Das ungarische Verfassungsgericht wurde personell durch die Vergrößerung von elf auf fünfzehn Richter und ohnehin anstehende Neuwahlen in kurzer Zeit stark verändert, gleichzeitig wurde es auch in seinen Zuständigkeiten seit 2011 stark beschränkt. Die Folge war, dass ganze Teilbereiche der Rechtsordnung nicht oder kaum noch einer Kontrolle im Hinblick auf die Grundrechte unterlagen (jedenfalls auf die meisten). Auch die Kontrolldichte ist als eine spätere Folge der Umgestaltung der

52 Vgl. dazu *Grabenwarter*, EuGRZ 2006, 489 ff; *Grabenwarter/Pabel*, Europäische Menschenrechtskonvention, 6. Aufl. 2016, § 18 Rz. 20 ff.; aus der jüngeren Rechtsprechung des EGMR vgl. EGMR, Urt. v. 24.6.2010 – Nr. 30141/04 – ECHR 2010-IV, 409 – Schalk und Kopf/Österreich; EGMR, Urt. v. 3.11.2011 – Nr. 57813/00 – ECHR 2011-V, 295 – S. H. u. a./Österreich; EGMR, Urt. v. 18.3.2011 – Nr. 30814/06 – ECHR 2011-III, 1 – Lautsi/Italien.

53 Dazu eingehend die einschlägigen Gutachten der Venedig-Kommission des Europarates: zum ungarischen Verfassungsgericht v. a. Gutachten v. 19.6.2012, Nr. 665/2012, CDL-AD(2012)009; Gutachten v. 17.6.2013, Nr. 720/2013, CDL-AD(2013)012. Zum polnischen Verfassungsgericht v. a. Gutachten v. 11.3.2016, Nr. 833/2015, CDL-AD(2016)001; Gutachten v. 14.10.2016, Nr. 860/2016, CDL-AD(2016)026.

Verfassungsgerichtsbarkeit nunmehr eingeschränkt. Beim ungarischen Verfassungsgericht gilt, dass es jedenfalls in Bezug auf budgetwirksame Gesetze nicht mehr als Instanz anzusehen ist, die mit einem effektiven Rechtsmittel angerufen werden kann.[54]

Noch abrupter und dramatischer waren die Eingriffe in die Unabhängigkeit und die Funktionsfähigkeit des polnischen Verfassungstribunals. Diese führten dazu, dass das Verfassungsgericht seine Funktion als Hüter der Grund- und Menschenrechte in Polen nicht mehr auszuüben vermag. Das Verfassungstribunal wehrte sich, indem es das neue Verfahrensgesetz in einem Akt der Selbstverteidigung zur Gänze für nichtig erklärte, die Venedig-Kommission bescheinigte der polnischen Regierung Demokratie, Menschenrechte und Rechtsstaatlichkeit zu untergraben.[55]

Weil europäisches Recht maßgeblich auf die Effektivität gerichtlicher Rechtsdurchsetzung in Mitgliedstaaten angewiesen ist, sind Angriffe auf die Unabhängigkeit der Verfassungsgerichtsbarkeit gleichzeitig solche auf die Wahrung der Rechtsgemeinschaft der Europäischen Union. Dieser Zusammenhang zeigt sich in ersten Analysen der Rechtsprechung des ungarischen Verfassungsgerichts nach der Verfassungsreform des Jahres 2011, in denen deutlich wird, dass eine bestimmte politische Entwicklung Rechtsstaatlichkeit und Grundrechte in die Defensive bringen kann.

2. Der Resonanzboden der Werteunion: Vom Wesen der Werte der Union

Mit den Verfassungskrisen in Ungarn und in Polen richtet sich der Blick auf die Frage, ob es auch im Recht der Europäischen Union Grundsätze gleich den Verfassungsprinzipien im Recht der Mitgliedstaaten gibt. Gegen beide Staaten wurden in den vergangenen zwei Jahren Verfahren nach Art. 7 EUV auf den Weg gebracht.[56] Diese Bestimmung sieht ein Verfahren gegen bestimmte Mitgliedstaaten vor, in denen grundlegende Werte entweder gefährdet oder schwerwiegend und anhaltend verletzt werden. Dabei bezieht

54 Bewertungen aus der jüngeren Literatur: *Szente*, Jahrbuch für Ostrecht 57 (2016), 45; *Darák*, in: ders. et al. (Hrsg.), Freiheit und Verantwortung, 2018, 201.

55 Dazu *Grabenwarter*, in: Kadelbach (Hrsg.), Verfassungskrisen in der Europäischen Union, 2018, 61 (72 ff.).

56 Begründeter Vorschlag v. 20.12.2017 für einen Beschluss des Rates gemäß Art. 7 Abs. 1 EUV hinsichtlich der Rechtsstaatlichkeit in Polen, COM(2017) 835 final; Entschließung des Europäischen Parlaments v. 12.9.2018 zu einem Vorschlag, mit dem der Rat aufgefordert wird, im Einklang mit Art. 7 Abs. 1 EUV festzustellen, dass die eindeutige Gefahr einer schwerwiegenden Verletzung der Werte, auf die sich die Union gründet, durch Ungarn besteht (2017/2131[INL]).

sich Art. 7 EUV auf die in Art. 2 EUV genannten Werte. Mit dem Vertrag von Lissabon wurden in Art. 2 EUV Werte zusammengefasst, die als Verfassungsprinzipien seit Langem in den Verfassungen der Mitgliedstaaten verankert sind. Die Prinzipien von Demokratie, Rechtsstaatlichkeit und Menschenrechten, aber auch jene von Menschenwürde, Freiheit und Gleichheit erfuhren in der Rechtsprechung der Verfassungsgerichte zahlreicher Mitgliedstaaten Konturen, lange bevor sie in den EUV aufgenommen wurden. Auch die Rechtsprechung europäischer Gerichtshöfe und die Praxis anderer Organe auf europäischer Ebene haben den Prinzipien in Kernbereichen konkrete Inhalte verliehen, die beim heutigen Stand des Europarechts als feststehende rechtliche Grundentscheidungen gesehen werden können.

In diesem Zusammenhang stellt sich die Frage, ob die Werte des Art. 2 EUV gerichtlicher Interpretation und Durchsetzung, insbesondere durch den EuGH, zugänglich sind. Unbestritten ist, dass der EuGH die Rechtmäßigkeit von Akten auf der Grundlage des Art. 7 gemäß Art. 269 AEUV nur im Hinblick auf die Einhaltung der Verfahrensbestimmungen, nicht aber im Hinblick auf die Voraussetzungen der Gefährdung oder Verletzung von Werten nach Art. 2 überprüfen darf.[57] Während in den ersten Jahren nach Inkrafttreten des Vertrags von Lissabon einhellig davon ausgegangen wurde, dass die in Art. 2 als höchst unbestimmter Vorschrift genannten Werte nicht justiziabel seien, ist in diese Frage im Lichte der jüngsten Rechtsprechung des EuGH Bewegung geraten. In seinem Urteil *Associaçao Sindical dos Juizes Portugueses* (ASJP) bezog sich der EuGH bewusst nicht auf die Justizgarantien der Grundrechtecharta, sondern auf den Grundsatz des wirksamen gerichtlichen Rechtsschutzes im Sinne von Art. 19 Abs. 1 EUV.[58] Er betonte weiter, dass das Vorhandensein einer wirksamen gerichtlichen Kontrolle „dem Wesen eines Rechtsstaats inhärent“ sei.[59] Damit spricht der EuGH der Sache nach Prinzipien an, welche den Maßstab auch in anderen Fällen bilden könnten. Explizit verweist der EuGH auf Art. 2 EUV und im Besonderen auf die Rechtsstaatlichkeit sowie auf das gegenseitige Vertrauen, das auf Art. 2 EUV bezogen ist.[60] Er sieht Art. 19 EUV als Konkretisierung der in Art. 2 EUV proklamierten Rechtsstaatlichkeit. Der Hinweis des EuGH, dass die Aufgabe der Wahrung des Rechts in einer Kooperation von nationalen

57 *Hilf/Schorkopf*, in: Grabitz/Hilf/Nettesheim (Hrsg.), Das Recht der Europäischen Union, 68. Lfg. 2019, Art. 2 EUV Rn. 47.

58 EuGH, Urt. v. 27.2.2018 – Rs. C-64/16 – ECLI:EU:C:2018:117 – Associaçao Sindical dos Juizes Portugueses (ASJP); nunmehr bestätigend EuGH, Beschl. v. 11.7.2019 – Rs. C-619/18 – ECLI:EU:C:2019:531, Rn. 50 – Kommission/Polen.

59 EuGH, Urt. v. 27.2.2018 – Rs. C-64/16 – ECLI:EU:C:2018:117, Rn. 36 – ASJP.

60 EuGH, Urt. v. 27.2.2018 – Rs. C-64/16 – ECLI:EU:C:2018:117, Rn. 30 – ASJP.

Gerichten und EuGH wahrzunehmen ist, deutet darauf hin, dass er einen Alleingang des EuGH über Art. 2 EUV selbst nicht für zielführend hält.[61]

In seinen Schlussanträgen in den beiden jüngsten Verfahren zu Polen bestätigt *GA Tanchev* ausdrücklich diesen Zusammenhang zwischen Art. 19 Abs. 1 EUV und Art. 47 der Grundrechte-Charta sowie ihre Rückbindung an allgemeine Prinzipien: Beide Artikel würden aus gemeinsamen Rechtsquellen erfließen und würden umschrieben durch die breitere Matrix der allgemeinen Rechtsgrundsätze des Unionsrechts, er spricht wörtlich von einer „verfassungsrechtlichen Pasarelle“ *(passarelle constitutionnelle)* zwischen beiden Bestimmungen.[62] Folgt man der so nahe gelegten Annahme einer juristischen und damit auch gerichtlichen Erschließung europäischer Verfassungsprinzipien über Art. 2 EUV und die Verfassungsüberlieferungen der Mitgliedstaaten, so können in den genannten Werten tatsächlich Reflexe europäischer Verfassungsprinzipien gesehen werden.[63] Die Werte sind im Ausgangspunkt primär auf eine politische (Weiter-)Entwicklung gerichtet. Noch vor den Beitritten der Jahre 2004 und 2007 wurde vorausgesagt, dass die Werte, wie sie bereits nach dem Vertrag von Nizza in ähnlicher Form in Art. 6 EUV verankert waren, in Frage gestellt und in Diskussion gezogen würden, dies als Folge der wachsenden Heterogenität der in der Union vereinigten Völker und als unmittelbares Resultat der Überwindung der Teilung Europas.[64]

Ungeachtet dessen enthält der Homogenitätsartikel des Art. 2 EUV rechtlich verbindliche Prinzipien, die die Unionsrechtsordnung einerseits mit den Teilrechtsordnungen andererseits, mögen die Begriffe auch relativ unbestimmt sein, zusammenhalten.[65] Als solche können sie ähnlich den Verfassungsprinzipien auf Ebene der Mitgliedstaaten Leitlinie für die Auslegung und Maßstab der Normenkontrolle sein.[66] Im Zusammenhalt mit

---

61 Skeptisch auch *Möllers/Schneider*, Demokratiesicherung in der Europäischen Union, 2018, 147, unter Hinweis auf die „legitimatorische Belastung“.

62 Schlussanträge GA Tanchev v. 27.6.2019, C-585/18 u. a. – ECLI:EU:C:2019:551, Rn. 85; unter Hinweis auf Schlussanträge GA Tanchev v. 20.6.2019 – C-192/18 – ECLI:EU:C:2019:529, Rn. 93 ff.

63 Zum Zusammenwirken von nationalen und europäischen Prinzipien am Beispiel der Rechtsstaatlichkeit vgl. *Wagner*, ZaöRV 56 (1996), 178 (186 f.).

64 Vgl. *Lenaerts/Desomer*, E. L.Rev. 27 (2002), 377 (379).

65 Siehe nur *Mangiameli*, in: Blanke/Mangiameli (Hrsg.), The European Union after Lisbon, 2012, 21 (25 ff.); zu weiteren Funktionen vgl. *Schorkopf*, Homogenität in der Europäischen Union – Ausgestaltung und Gewährleistung durch Art. 6 Abs. 1 und Art. 7 EUV, 2000, 36 ff.

66 Vgl. *Calliess*, in: Calliess/Ruffert (Hrsg.), EUV/AEUV, 5. Aufl. 2016, Art. 2 EUV Rn. 12. Ein Missverständnis läge darin, diese Prinzipien auf einen (rechtstheoretischen) Prinzipienbegriff zu beziehen. Mit diesem von *Alexy* geprägten Antagonismus zwischen Prinzipien und Regeln haben die Prinzipien am Beginn des EUV nichts gemein; nicht weiterführend daher *Mandry*, Europa als Wertegemeinschaft, 2009, 127 ff.

Verfassungsüberlieferungen der Mitgliedstaaten und Anhaltspunkten etwa in der EMRK sind in systematischer Sicht jedenfalls in Teilbereichen juristisch fassbare „harte" Kriterien zu gewinnen, die nicht nur zur Auslegung des Primärrechts herangezogen werden können, sondern auch als Maßstab sowohl für das Handeln der Union als auch das Recht der Mitgliedstaaten dienen können.[67] Besonders deutlich lässt sich ein solches Vorgehen bei der „Wahrung der Menschenrechte" begründen, die in der Aufzählung im ersten Satz des Art. 2 EUV an letzter Stelle genannt wird. Zu berücksichtigen ist hier vor allem der systematische Zusammenhang mit Art. 6 EUV, der immerhin auf die Charta der Grundrechte, die Konvention zum Schutz der Menschenrechte und Grundfreiheiten und auf die Verfassungsüberlieferungen der Mitgliedstaaten als Grundrechtsquellen verweist. Angesichts dessen liegt es nahe, in der Wahrung der Menschenrechte nicht bloß ein politisches und allgemeines rechtliches Bekenntnis zur Menschenrechtsidee, sondern ein Prinzip mit verfassungsrechtlicher Verpflichtung auf einen Kernbestand an Menschenrechten zu sehen.[68] Dazu wird man jedenfalls die Garantien der Art. 3 bis 14 EMRK sowie des Art. 1 1. Zusatzprotokoll zur EMRK zählen können.[69]

Die Verbürgungen der Grundrechtskataloge der EMRK und der Charta und die zu ihnen ergangene Rechtsprechung bestimmen auch die Prinzipien der Demokratie und der Rechtsstaatlichkeit näher. Zunächst lassen sich in Bezug auf den Wert der Rechtsstaatlichkeit auch aus einem vergleichenden Blick auf die Verfassungsüberlieferungen der Mitgliedstaaten induktiv Gehalte gewinnen, die sich zum Kern eines rechtsstaatlichen Prinzips verdichten lassen.[70] Diese Gehalte finden sich in übersichtlicher Form in der „Rule of Law Checklist" der Venedig-Kommission des Europarates.[71] Als „Benchmarks" werden genannt die Gesetzmäßigkeit *(legality)*, die Rechtssicherheit *(legal certainty)*, das Willkürverbot *(prevention of abuse of*

67 Zu den Grenzen der Leistungsfähigkeit solcher Prinzipien in diesem Zusammenhang vgl. *von Bogdandy*, in: ders./Bast (Hrsg.), Europäisches Verfassungsrecht, 2. Aufl. 2009, 13 (21).

68 *Hilf/Schorkopf*, in: Grabitz/Hilf/Nettesheim (Hrsg.), Das Recht der Europäischen Union, 68. Lfg. 2019, Art. 2 EUV Rn. 37, sprechen explizit von einem „harten Kern" der Menschenrechte und Grundfreiheiten.

69 Ähnlich *Hilf/Schorkopf*, in: Grabitz/Hilf/Nettesheim (Hrsg.), Das Recht der Europäischen Union, 68. Lfg. 2019, Art. 2 EUV Rn. 37.

70 Ähnliche Kerngehalte werden angenommen von *Calliess*, in: Calliess/Ruffert (Hrsg.), EUV/AEUV, 5. Auflage 2016, Art. 2 Rn. 26.

71 Zum Inhalt und zur Entstehung der Rule of Law Checklist näher *Drzemczewski*, RUDH 2017, 14; *Vermeulen*, 4. Kongress der Weltkonferenz der Verfassungsgerichtsbarkeit, 11.–14.9.2017, Vilnius (Beitrag abrufbar unter https://www.venice.coe.int/WCCJ/04_Vilnius/Presentations/WCCJ-4thCongress-session2-response-Vermeulen-E.pdf, <4.10.2019>); *M. Fuchs*, EuGRZ 2018, 237.

powers), Gleichheit vor dem Gesetz und Diskriminierungsverbot *(equality before the law and non-discrimination),* Zugang zur Gerichtsbarkeit *(access to justice).* Sie werden wiederum in Einzelgrundsätze gegliedert. Besondere Bedeutung für die jüngeren Verfassungskrisen in Europa hat der zuletzt genannte Bereich des Zugangs zur Gerichtsbarkeit, der in die Grundsätze der Unabhängigkeit und Unparteilichkeit der Justiz sowie des fairen Verfahrens gegliedert ist; die Verfassungsgerichtsbarkeit (für Staaten, in denen eine solche besteht) erfährt als Element der Gerichtsbarkeit gesonderte Erwähnung. Weil sich die Europäische Kommission gerade im Zusammenhang mit der Rechtsstaatlichkeit auf Dokumente der Venedig-Kommission stützt und zuletzt auch der Generalanwalt in den Verfahren gegen Polen auf die Dokumente der Venedig-Kommission Bezug nahm,[72] erscheint es naheliegend, diese als Grundlage für die Bestimmung eines rechtsstaatlichen Prinzips des Unionsrechts heranzuziehen.[73]

Im Einklang damit benennt auch der EuGH zu Recht die richterliche Unabhängigkeit und den Zugang zu einem unabhängigen Gericht als Kerngehalte der Rechtsstaatlichkeit.[74] Geleitet von Art. 47 GRC, aber auch von Art. 6 EMRK,[75] sind die Einrichtung einer Gerichtsorganisation und eines Verfahrensrechts, die faire Verfahren unter Wahrung der Waffengleichheit zwischen den Parteien und angemessene Verfahrensdauer im Ganzen garantieren, als Kernelemente europäischer Rechtstaatlichkeit anzusehen.[76] Der Grundsatz der Unabhängigkeit der Justiz wurde mittlerweile auch in hunderten Entscheidungen des EGMR präzisiert, in denen der Gerichtshof Bedingungen der Bestellung, der Amtsdauer und der Beschränkung der Arbeitsmöglichkeiten von Richtern zu beurteilen hatte und in vielen zum Ergebnis einer Menschenrechtsverletzung gelangte.[77]

Auch in Bezug auf das unter den Werten des Art. 2 EUV genannte Prinzip der Demokratie lässt sich ein Kerngehalt unionsrechtlicher Vorgaben erken-

---

72 Explizite Bezugnahmen auf die Rule of Law Checklist im Vorbringen der Europäischen Kommission im Verfahren C-585/18 u. a. (vgl. den Hinweis in den Schlussanträgen von GA Tanchev v. 27.6.2019 – C-585/18 u. a. – ECLI:EU:C:2019:551, Rn. 71, Fn. 36) und in den Schlussanträgen von GA Tanchev v. 27.6.2019 – C-585/18 u. a. – ECLI:EU:C:2019:551, Rn. 128, Fn. 87.

73 Zur möglichen Bedeutung der Venedig-Kommission als Brücke zwischen der Rechtsprechung des EGMR und des EuGH allgemein *Bode-Kirchhoff,* in: Dzehtsiarou u. a. (Hrsg.), Human Rights Law in Europe: The Influence, Overlaps and Contradictions of the EU and the ECHR, 2014, 55.

74 EuGH, Urt. v. 27.2.2018 – C-64/16 – ECLI:EU:C:2018:117, Rn. 41 – ASJP.

75 Vgl. nur Schlussanträge des GA Tanchev v. 20.6.2019 – C-192/18 – ECLI:EU:C:2019:529, Rn. 96 mit Fn. 66; bzw v. 27.6.2019 – C-585/18 u. a. – ECLI:EU:C:2019:551, Rn. 107 ff.

76 Bestätigend Rule of Law-Checklist der Venedig-Kommission, CDL-AD(2016)007, Benchmark E „Access to Justice".

77 *Grabenwarter/Pabel,* Europäische Menschenrechtskonvention, 6. Aufl. 2016, § 24 Rn. 34 ff.

nen, und zwar in Art. 3 des 1. Zusatzprotokolls zur EMRK.[78] Als ein wichtiges Beispiel für Elemente eines europäischen Demokratieprinzips sind die Wahlrechtsgarantien dieses Grundrechts heute judikativ vor allem durch den EGMR so entfaltet, dass sie relativ präzise Grundentscheidungen für die repräsentative Demokratie enthalten.[79] Mit der als Verpflichtung der Mitgliedstaaten formulierten Garantie freier und geheimer Wahl in angemessenen Abständen umschreibt das Menschenrecht das Gebot der Wahrung von Chancen auch von Oppositionsparteien in der politischen Auseinandersetzung, im Besonderen aber in der Wahlauseinandersetzung, unter gleichen Bedingungen erfolgreich sein zu können wie Parteien, die in der Vergangenheit und in der Gegenwart Regierungsparteien waren und sind.[80] Diese Idee wird in dem Nebensatz in Art. 3 1. ZPEMRK offenkundig, demzufolge die Wahlen „die freie Äußerung der Meinung des Volkes bei der Wahl der gesetzgebenden Organe gewährleisten“ sollen. Damit ist der Wert der Demokratie als Verfassungsprinzip auf die Wahrung der Rahmenbedingungen freiheitlicher Kommunikation (Presse-, Rundfunk-, Informations- und Meinungsfreiheit) und die Integrität eines fairen Wahlrechts gerichtet. Mitgliedstaatliche Gesetzgebungsakte, die auf die gezielte Beseitigung einer freiheitlichen Kommunikationsordnung und die Benachteiligung bestimmter politischer Gruppierungen erheblicher Größe im Wahlverfahren gerichtet sind, verstoßen gegen das europäische Verfassungsprinzip der Demokratie, wie es als Wert in Art. 2 EUV verankert ist. Darüber hinaus gehende „soft standards“ können aus dem Code of Good Conduct in Electoral Matters („Verhaltenskodex in Wahlangelegenheiten“) gewonnen werden, auf den sich auch der EGMR in der Auslegung dieses Menschenrechts wiederholt gestützt hat.[81]

Auch in anderen Bereichen der Grund- und Menschenrechte lassen sich aus der europäischen Rechtsprechung Ansatzpunkte und Beiträge zur Prinzipienbildung im Unionsrecht gewinnen. Wann aufenthaltsbeendende Maßnahmen gegenüber Ausländern einen Verstoß gegen das Verbot menschenunwürdiger Behandlung darstellen, wurde in hunderttausenden Fällen geprüft und festgestellt.[82] Dieser *acquis des droits de l'homme* wurde 2009 mit dem Vertrag von Lissabon in die Grundrechte-Charta (und damit

---

78 Ähnlich *Calliess*, in: Calliess/Ruffert (Hrsg.), EUV/AEUV, 5. Aufl. 2016, Art. 2 Rn. 21 („Ausgangspunkt“).

79 *Grabenwarter/Pabel*, Europäische Menschenrechtskonvention, 6. Aufl. 2016, § 23 Rn. 103 ff.

80 Im Ergebnis ähnlich *Möllers/Schneider*, Demokratiesicherung in der europäischen Union, 2018, 130 f. („Schutz künftiger Mehrheiten“).

81 EGMR, Urt. v. 27.2.2018 – Nr. 43609/10 – Cernea/Rumänien.

82 *Grabenwarter/Pabel*, Europäische Menschenrechtskonvention, 6. Aufl. 2016, § 20 Rn. 75 ff.

in verbindliches Unionsrecht) rezipiert und bildet einen Kern von Menschenrechten, der mit dem Anspruch gilt, dass er einen „harten" Maßstab bildet, mit dem rote Linien für das europarechtskonforme Handeln der Mitgliedstaaten gezogen werden.

Es ist erfreulich, dass der EuGH in den jüngsten Urteilen zu Polen einen ersten Schritt zur Konkretisierung und Justiziabilisierung der Werte in ihrer Bedeutung als europäische Verfassungsprinzipien gegangen ist. Weil aber die Werte und Prinzipien der Rechtsstaatlichkeit, der Grund- und Menschenrechte und der Demokratie maßgeblich von den Verfassungsüberlieferungen der Mitgliedstaaten getragen sind, muss die Aussage des EuGH im selben Urteil unterstrichen werden, wonach mitgliedstaatliche Gerichte *und* der EuGH, verbunden durch Art. 19 EUV, diese Aufgabe *gemeinsam* schultern müssen. Mit diesem Hinweis kann auch Einwänden begegnet werden, der EuGH begebe sich hier auf einen Alleingang. In Mitgliedstaaten, in denen spezialisierte Verfassungsgerichte bestehen, sind diese in der Lage und auch gefordert, im Rahmen ihrer Zuständigkeiten verfassungsrechtliche Prinzipien der Rechtsstaatlichkeit und der Demokratie mit den Werten des Art. 2 EUV in Bezug zu setzen und solcher Art zu einer hinreichend legitimierten Konkretisierung des Inhalts dieser Werte beizutragen, um sowohl bei den Organen der Europäischen Union als auch bei ihren Mitgliedstaaten Akzeptanz zu finden, die von entsprechenden Einschränkungen betroffen oder wenigstens bedroht sind.

Mit diesen Überlegungen wurde der Funktionsrahmen des Verfassungsgerichtsverbundes im europäischen Rechtsraum abgesteckt. Wie in den beschriebenen herkömmlichen Situationen von Kooperation und Konkurrenz, haben die verschiedenen Gerichtshöfe auch in Bezug auf die Krisen verschiedene Aufgaben und Maßstäbe. Sie sind auf europäischer Ebene in Art. 2 EUV oder im Statut des Europarates benannt und aufgezählt. Sie gehören zu den Prinzipien und Baugesetzen der Verfassungen der Mitgliedstaaten. Und sie wurden in jahrzehntelanger Praxis von gerichtlichen Organen und anderen Institutionen präzisiert, konturiert und verfestigt. Dass es in Randbereichen Diskussionen, Anfragen und Korrekturen gegeben hat, darf nicht darüber hinwegtäuschen, dass in Kernbereichen ein Verständnis von einzelnen Elementen der Demokratie, der Rechtsstaatlichkeit und der Menschenrechte entwickelt wurde.

Jenseits dessen haben die Werte aber eine weitere Funktion, die gleichermaßen von Bedeutung ist. In den jeweiligen Mitgliedstaaten entwickeln sich gesellschaftliche Wertvorstellungen, die vom Europarecht nicht gleichgeschaltet werden. Die künftige Debatte wird sich daher der Aufgabe stellen müssen, zwischen unverfügbaren Kernbereichen von Demokratie und

Rechtsstaatlichkeit, wie sie in Art. 2 EUV als Grundlage für harte Maßstäbe enthalten sind, und Randbereichen zu unterscheiden, in denen die Werte im europäischen politischen Prozess diskursiv weiterentwickelt werden können.

3. Die Rezeption von Rechtsprechungsfiguren durch integrationskritische Gerichte

Die Rechtsprechung — von seit Längerem bestehenden – Verfassungsgerichten hatte in den letzten dreißig Jahren eine starke Ausstrahlungswirkung auf die Rechtsprechung von Gerichten, die nach der Zeitenwende der Jahre 1989/90 errichtet wurden. Allen voran haben Entscheidungen des Bundesverfassungsgerichts mittel- und osteuropäische Gerichte beeinflusst. Das Maastricht-Urteil, das Lissabon-Urteil und jüngst auch der Beschluss Identitätskontrolle I und der OMT-Beschluss haben Niederschlag in der Rechtsprechung anderer Verfassungsgerichte gefunden. Das russische Verfassungsgericht zitiert explizit das Bundesverfassungsgericht und den österreichischen Verfassungsgerichtshof, um den Vorrang der Verfassung vor der europäischen Menschenrechtskonvention in seiner Entscheidung vom Juli 2015 zu begründen.[83] Das ungarische Verfassungsgericht zitiert nahezu wörtlich das Lissabon-Urteil, wenn es ausführt, dass der Schutz der Verfassungsidentität in Bereichen stattfinden könne, welche die Lebensbedingungen der Bürger gestalten, im Besonderen die Privatsphäre (ihrer eigenen Verantwortlichkeit und persönlicher und sozialer Sicherheit), die durch die Grundrechte geschützt sei.[84] Die Quelle des Zitats wird jedoch ebenso wenig erwähnt, wie der andere Kontext des deutschen Verfassungsrechts, vielmehr werden die sprachlichen, historischen und kulturellen Traditionen Ungarns bemüht.

Liegt in dieser Art der Rechtsprechungsrezeption das Bild des unbeherrschbar gewordenen Besens des Zauberlehrlings, wie jüngst in einer Publikation suggeriert wurde,[85] und müssen sich die Urheber der Rechtsprechung in Karlsruhe, so legt das Bild doch nahe, entgegenhalten lassen, dass sie für Rechtsprechungsentwicklungen mit antieuropäischem Affekt, wenn schon nicht mitverantwortlich sind, so doch wenigstens das Handwerkszeug dazu geliefert haben?[86]

83 Entscheidung v. 14.7.2015 – Nr. 21-II/2015.

84 Entscheidung v. 30.11.2016 – Nr. 22/2016 (XII. 5.) AB.

85 *Bakó*, ZaöRV 78 (2018), 863.

86 Vgl. zur Perspektive des ungarischen Verfassungsgerichts *Sulyok*, in: Darák et al. (Hrsg.), Freiheit und Verantwortung, 2018, 219.

Die Antwort auf diese Frage kann nur ein Nein sein. Der Umstand, dass Verfassungsrichter Versatzstücke aus der Rechtsprechung anderer Verfassungsgerichte entlehnen, sie entkontextualisieren und sie für ihre Zwecke gebrauchen, ihnen eine andere Bedeutung geben, macht ihren ursprünglichen Gebrauch nicht illegitim. Vielmehr ist es die Aufgabe der Urheber, auf einen allfälligen Missbrauch hinzuweisen und so den Zweck der Berufung auf das Bundesverfassungsgericht zu vereiteln, nämlich durch Zitierung den Eindruck zu erwecken, dass man dasselbe meinen könnte.

4. Der Umgang mit Verfassungsgerichten auf dem Scheideweg

Einige demokratische Rechtstaaten sind auf dem Scheideweg. Grundbedingungen der Demokratie, des Rechtsstaats und der Gewaltenteilung sind in Frage gestellt, die Effektivität verfassungsgerichtlicher Kontrolle beseitigt oder eingeschränkt. Ist es in dieser Situation besser, wenn diese Gerichte ihre Rechtsprechung ganz einstellen, oder sollen sie in politisch weniger heiklen Bereichen ihre von der Verfassung aufgegebene Kontrolltätigkeit fortführen?

Für beide Positionen gibt es Für und Wider. Für eine Reduktion auf einen Notbetrieb spricht, dass die organisatorischen Rahmenbedingungen eines Gerichts wenigstens in Grundzügen erhalten bleiben für den Fall, dass bei einem Machtwechsel Gewaltenteilung und Rechtsstaatlichkeit rascher wieder auf das europäisch gebotene Niveau angehoben werden. Dagegen spricht, dass das technokratische Judizieren von der Regierung und der Parlamentsmehrheit als Argument herangezogen wird, dass die Verfassungsgerichtsbarkeit und das rechtsstaatliche System ohnehin funktionieren und es offensichtlich nur Meinungsverschiedenheiten in Nuancen über die konkrete Ausgestaltung eines demokratischen Rechtsstaates gäbe.

Eine einheitliche Antwort gibt es hier nicht, weil sie vom Ausmaß der Missachtung rechtsstaatlicher Standards und von der Perspektive abhängt. Zu unterscheiden ist hier zum einen zwischen einer Außensicht und einer Innensicht, zum anderen zwischen dem Verhältnis zwischen verschiedenen Verfassungsgerichten untereinander einerseits und dem Verhältnis zwischen europäischen Gerichtshöfen und in die Krise geratenen Verfassungsgerichten andererseits. Die Außensicht kann nicht von europäischen Standards abrücken und die Vorgaben des Unionsrechts relativieren. In der Innensicht kann es für betroffene Richter und Gerichte eine Strategie sein, dem (politischen) Druck in den Kernbereichen nicht nachzugeben und in Randbereichen so lange Konzessionen zu machen, bis europäische Organe zur Hilfe kommen.

Bezogen auf die Verhältnisse zwischen Verfassungsgerichten im europäischen Verbund ist vor der Gefahr zu warnen, dass sich einzelne Verfassungsgerichte – bildlich gesprochen – zu Oberlehrern über andere aufschwingen könnten, womit mehr verspielt als gewonnen sein könnte, nämlich dann, wenn ein entsprechendes Gefühl auf einer Seite entsteht. Bilaterale und multilaterale Kontakte, wie sie seit den 1990er Jahren mit den meisten der Gerichte Mittel- und Osteuropas aufgebaut wurden, können aber neu bewertet und von einzelnen Gerichten je nach historischer Verbundenheit der Staaten auf unterschiedlichem Niveau gepflegt werden. Die Gerichte bleiben jedenfalls vorderhand Mitglieder der europäischen und weltweiten Konferenzen der Verfassungsgerichte, insbesondere bei letzteren hätte man wenig Handhabe mit Blick auf die Qualitäten anderer Mitgliedsgerichte. Bilaterale Gespräche können aufrechterhalten werden, solange die Gewissheit einer gemeinsamen rechtlichen Basis gegeben ist. So muss insbesondere geklärt werden, ob das gegenseitige Vertrauen als Grundlage für eine horizontale Zusammenarbeit im Gerichtsverbund gegeben ist. Dies hat nicht in einer abstrakten Ferndiagnose zu geschehen, sondern auf der Basis auch konkreter Eindrücke in Gesprächen vor Ort, die oft den besten Eindruck vermitteln.

Der EuGH und der EGMR sind hier in einer anderen Lage. Der EGMR hat in Verfahren der Zulässigkeit bereits zu prüfen, ob ein Rechtsbehelf zum Verfassungsgericht als Voraussetzung der Rechtswegerschöpfung zu ergreifen ist, oder aber, ob dieses gerade nicht mehr Teil des gebotenen Instanzenzuges ist, weil es keinen effektiven Rechtsschutz gewährt. Die inhaltliche Auseinandersetzung mit der Unabhängigkeit eines Gerichts muss im Rahmen von Beschwerden gestützt auf die Justizgarantie des Art. 6 EMRK geprüft werden.

Der EuGH muss in ähnlicher Weise die Unabhängigkeit eines Gerichts als Zulässigkeitsvoraussetzung nach Art. 267 AEUV prüfen, wenn er von diesem ein Vorabentscheidungsersuchen erhält. In inhaltlicher Sicht kann und muss er sich mit der Unabhängigkeit der Gerichte auseinandersetzen, wenn dies zum Gegenstand eines Vorabentscheidungsersuchens gemacht wird, wie im Fall *Associação Sindical dos Juízes Portugueses.*[87] Dass der EuGH eine Reihe von ausführlicheren Einlassungen etwa auf Art. 2 EUV bietet, fällt auf, ist im polnischen Kontext aber erklärbar.[88]

87 EuGH, Urt. v. 27.2.2018 – Rs. C-64/16 – ECLI:EU:C:2018:117 – ASJP.

88 Bestätigt nunmehr durch EuGH, Beschl. v. 24.6.2019 – Rs. C-619/18 – ECLI:EU:C:2019:531, Rn. 42, 47, 58 – Kommission/Polen.

Schon konkreter, und nicht mehr im obiter dictum, sind die Ausführungen im Urteil LM des EuGH vom 25. Juli 2018.[89] Die vollstreckende Justizbehörde muss konkret und genau prüfen, ob bei Durchführung des Europäischen Haftbefehls eine echte Gefahr einer Verletzung des Grundrechts auf ein faires Verfahren in seinem Wesensgehalt zu befürchten ist, und zwar auch dann, wenn die Kommission einen begründeten Vorschlag nach Art. 7 Abs. 1 EUV angenommen hat, wie zuletzt in Polen. Ebenso zu begrüßen ist, dass der EuGH im Fall der Ruhestandsversetzung von Richtern am polnischen Höchstgericht ein zügiges Verfahren auf Antrag der Kommission führt.[90]

Alle diese Verfahren sind wichtig als Signal für alle Mitgliedstaaten, aber auch für die Öffentlichkeit und die Justiz im betroffenen Land. Sie dürfen aber nicht darüber hinwegtäuschen, dass der EuGH alleine nicht in der Lage sein wird, die rechtsstaatlichen Defizite dieser Art wirksam zu bekämpfen oder gar zu beseitigen. Die Gerichte, und zwar Verfassungsgerichte wie die ordentlichen Gerichte der übrigen Mitgliedstaaten, sind hier wegen der vielfältigen Berührungspunkte, aber auch wegen des zunehmenden Austausches zwischen diesen Gerichten im internationalen Bereich besonders gefordert. Wenn mehrere Verfassungsgerichte im Gleichschritt und in Kooperation mit dem EuGH ähnliche Judikaturlinien entwickeln, um rechtsstaatliche Standards zu stärken, verleihen sie ihnen mehr Gewicht. Die Autorität und die Legitimität des EuGH, der Grundsätze aus dem Bestand des Unionsrechts gewinnt, könnten sich für sich genommen, zumal wenn die Zuständigkeit des Gerichtshofes und die Zulässigkeit von Verfahren bestritten werden, als nicht hinreichend erweisen.

Die Verfassungsgerichte sind aber verfassungsrechtlich in einer zweiten Hinsicht gefordert. Nur allzu leicht kann der Verlust der Unabhängigkeit und Effektivität zu einem Dominoeffekt führen, Ansätze dazu sind leider vermehrt erkennbar. In jenen Staaten, wie in Deutschland, in denen das Verfassungsrecht selbst die Mitgliedschaft in der Union (ausgesprochen oder unausgesprochen) an bestimmte Grundprinzipien wie Demokratie und Rechtsstaatlichkeit knüpft, ist die Einhaltung der Standards in den übrigen Mitgliedstaaten auch für andere Mitgliedstaaten letztlich Bedingung der Mitgliedschaft in der Union.

---

89 EuGH, Urt. v. 25.7.2018 – Rs. C-216/18 PPU – ECLI:EU:C:2018:586 – Minister for Justice and Equality.

90 EuGH, Beschl. v. 15.11.2018 – Rs. C-619/18 – ECLI:EU:C:2019:615 – Kommission/Polen.

VI. Ausblick: Selbstreflexion und Dialog

Der transnationale juristische Diskurs über die Rechtsstaatlichkeit ist nur glaubwürdig und weiterführend, wenn er von glaubwürdigen Teilnehmern im Bestreben nach gegenseitigem Verstehen geführt wird.

Das fordert zum einen Selbstkritik und Wachsamkeit im eigenen Bereich. Nichts von dem, was in Jahrzehnten an Unabhängigkeit, Gewicht und Ansehen errungen wurde, ist auf Dauer selbstverständlich. Vielmehr muss es täglich aufs Neue bestätigt werden. Ein modernes Verfassungsgericht muss kritischen Anfragen der eigenen Öffentlichkeit in Fragen der Richterbestellung, des Verhaltens der Richter im Amt und außerhalb desselben, aber auch des Umgangs der Politik mit unliebsamen Entscheidungen standhalten können. Es geht nicht an, im Dialog mit Verfassungsgerichten im östlichen Mitteleuropa von einer heilen Rechtsstaatswelt in Europa auszugehen, wenn sie nicht überall so heil ist. Der offene Umgang mit Kritik, die Lernfähigkeit der Gerichte, Transparenz und zeitgemäße Öffentlichkeitsarbeit sind hier unverzichtbare Zutaten für die Erhaltung der Glaubwürdigkeit.

Unter dieser Voraussetzung und mit dieser Maßgabe ist es geboten, sich mit der Situation in anderen Mitgliedstaaten auseinanderzusetzen. Über die Jahre haben sich in Europa informelle Foren und Institutionen des Austausches gebildet, auf die in Zeiten der Krise zurückgegriffen werden kann und die Verfassungsgerichte stärken, weil sie eben als gleichberechtigte Mitglieder auch zum Verfassungsgerichtsverbund gehören.[91] Gerichte mit schwächerer oder geschwächter Stellung erhalten durch die Beteiligung an den Gesprächen eine gewisse Rückendeckung. Gegenwärtig finden neben den Europäischen Konferenzen zahlreiche regionale Konferenzen statt, die nicht nur wegen der inhaltlichen Abstimmung in Rechtsprechungsfragen von europäischer Dimension von Bedeutung sind, sondern auch wegen der bloßen Teilnahme. Die Teilnahme eines Gerichts gilt als Signal der Anerkennung, in der Nichtteilnahme kann eine negative Bewertung gesehen werden. Die Veranstaltung von multilateralen Konferenzen ist ein Signal an die Öffentlichkeit im Land und an die europäische Öffentlichkeit. Regelmäßig finden solche Tagungen mit der Beteiligung ausgewählter Gerichte in verschiedenen Städten Mittel- und Osteuropas statt.

Die Zukunftsperspektive der Kooperation der Verfassungsgerichte sei am Ende mit einem kurzen Zitat abgerundet, nicht des Jubilars, sondern mit

91 Vgl. allgemein *von Bogdandy/Grabenwarter/Huber*, in: dies. (Hrsg.), Handbuch Ius Publicum Europaeum, Bd. VI, 2016, § 95 Rn. 21 ff.

einem seines akademischen Lehrers *Peter Badura*. In seinem Staatsrechtslehrervortrag im Jahr 1966 berührte *Badura* am Ende die Frage, wie in den Europäischen Gemeinschaften Demokratie und Rechtsstaat möglich seien. Er antwortet selbst, dass die Bewahrung der demokratischen und rechtsstaatlichen Verfassungsstruktur nur durch ihre Veränderung erreicht werden könne[92] – *Peter Michael Huber* fordert im Anschluss daran eine Anpassung an den jeweiligen Stand der Integration und ihre strukturadäquate Optimierung.[93] Das muss letztlich auch für den Verfassungsgerichtsverbund gelten.[94]

92 *Badura*, VVDStRL 23 (1966), 34 (96).

93 *Huber*, VVDStRL 60 (2001), 194 (241).

94 Der mündliche Vortrag dieses Manuskripts schloss mit der Reminiszenz an eine ungewöhnliche Verfassungsrichterkooperation in einem Kaufhaus in der Fifth Avenue am 23. April 2012 nach Abschluss eines von *Armin von Bogdandy* und *Joseph Weiler* an der New York University veranstalteten Seminars zum Europäischen Verfassungsrecht. Im Interesse der Wahrung des Ernsts der wissenschaftlichen Publikation (vgl. BVerfGE 35, 79 (113)) bleibt es an dieser Stelle bei einer Andeutung.

Der Europäische Rechtsraum: Grundlagen, Herausforderungen und Perspektiven

Koen Lenaerts

Inhaltsverzeichnis

Dieser Beitrag unternimmt den Versuch, das bedeutende wissenschaftliche Werk des Jubilars mit dem Thema des Ehrensymposiums in Beziehung zu setzen. Auf diese Weise soll die Grundlagenforschung zum europäischen Rechtsraum und zum europäisierten Grundgesetz gewürdigt werden, um die sich der Jubilar verdient gemacht hat. Dazu wird jeweils die Perspektive des Gerichtshofs der Europäischen Union gespiegelt.

I. Kompetenzen

Beginnen möchte ich mit einem Verweis auf den Aufsatz „Bundesverfassungsgericht und Europäischer Gerichtshof als Hüter der Gemeinschaftsrechtlichen Kompetenzordnung", erschienen 1991 im *Archiv des öffentlichen Rechts.*[1]

In diesem Aufsatz beleuchtet der Jubilar die Grundlagen des Kompetenzverteilungssystems zwischen der Gemeinschaft und den Mitgliedstaaten. Er sucht im Licht der Prinzipien der begrenzten Einzelermächtigung und des Anwendungsvorrangs nach dem obersten Hüter der europarechtlichen Kompetenzordnung – und geht der richterlichen Aufgabenteilung bei Konfliktlagen zwischen Unionsrecht und nationalem Recht nach.

Dabei fragt er zugespitzt, ob „dem EuGH […] die Rolle eines Bundesverfassungsgerichts auf EG-Ebene zu[kommt], das seine Entscheidungen allein an der im gesamten ‚Bundesstaat' vorrangigen Bundesverfassung zu messen hat, ohne dass dabei verfassungsrechtliche Vorgaben der Gliedstaaten eine Rolle spielen könnten?"[2]

---

1 *Huber*, AöR 116 (1991), 210.

2 *Huber*, AöR 116 (1991), 210 (220).

Auch fast 30 Jahre später handelt es sich meines Erachtens um die *Gretchenfrage* des Unionsrechts.

Denn die Autonomie des Unionsrechts und der unionsrechtliche Anwendungsvorrang stehen freilich mit fortschreitender Integration in einem Spannungsverhältnis zur Verpflichtung aus Artikel 4 Absatz 2 EUV, „die Gleichheit der Mitgliedstaaten vor den Verträgen und ihre jeweilige nationale Identität, die in ihren grundlegenden politischen und verfassungsmäßigen Strukturen [...] zum Ausdruck kommt", zu achten.

Dieses Spannungsverhältnis lässt sich beispielhaft an den Rechtssachen *Taricco* sowie *M.A.S. und M.B.* nachzeichnen: In *Taricco*[3] hatte der Gerichtshof 2015 entschieden, dass die italienischen Rechtsvorschriften über die Verjährung von Mehrwertsteuerstraftaten dem Unionsrecht entgegenstehen (Art. 325 AEUV), falls sie die Sanktionierung von Betrugsfällen verhindern, die sich gegen die finanziellen Interessen der Union richten. Daher urteilte der Gerichtshof, dass nationale Gerichte dem Unionsrecht dadurch volle Wirkung verleihen müssen, indem sie die Verjährungsvorschriften gegebenenfalls nicht anwenden.

Kurz nach *Taricco* mussten der Oberste Kassationsgerichtshof Italiens sowie der Mailänder Berufungsgerichtshof über Anklagen wegen des Verdachts des schweren Betrugs im Mehrwertsteuerbereich entscheiden.

Die Angeklagten wären straflos geblieben, wenn die italienischen Verjährungsvorschriften anzuwenden gewesen wären. Dagegen hätte es zu einer Verurteilung kommen können, wenn die Verjährungsfristen auf Grundlage der *Taricco*-Entscheidung nicht anwendbar gewesen wären. Die Nichtanwendung hätte allerdings gegen das italienische Verfassungsprinzip des Gesetzlichkeitsgrundsatzes verstoßen. Die Gerichte haben dem italienischen Verfassungsgericht darum Fragen zur Verfassungsmäßigkeit vorgelegt, der wiederum den Gerichtshof um Vorabentscheidung ersucht hat, wie das Unionsrecht (Art. 325 AEUV) im Lichte der *Taricco*-Entscheidung auszulegen ist.

In dem Urteil *M.A.S. und M.B.*[4] legte der Gerichtshof daraufhin dar, dass die nationalen Gerichte dem Unionsrecht grundsätzlich volle Wirkung verleihen müssen, wozu auch die Anwendung der *Taricco*-Entscheidung gehört. Insbesondere in einem nicht-harmonisierten Bereich wie dem der Verjährungsvorschriften obliegt es grundsätzlich der Wahl der nationalen Gesetzgeber, sich für eine verfahrens- oder materiell-rechtliche Ausgestaltung

3 EuGH, Urt. v. 8.9.2015 – Rs. C-105/14 – ECLI:EU:C:2015:555 – Taricco u.a.

4 EuGH, Urt. v. 5.12.2017 – Rs. C-42/17 – ECLI:EU:C:2017:936 – M.A.S. und M.B.

zu entscheiden. Bei einer Zuordnung zum materiellen Strafrecht unterliegen die Verjährungsvorschriften folglich dem Gesetzlichkeitsgrundsatz, um die Vorhersehbarkeit, die Bestimmtheit und das Verbot der Rückwirkung der anzuwendenden Strafvorschriften als Ausprägungen dieses Grundsatzes garantieren zu können.[5] Diesen kommt insbesondere auch im Licht der Charta und der EMRK besondere Bedeutung zu.[6] Vor diesem Hintergrund ist es Aufgabe der nationalen Gesetzgeber, die italienischen Verjährungsvorschriften so zu bestimmen, dass sie unionsrechtlichen Anforderungen genügen.

In diesem – bedeutsamen – Aspekt der Nicht-Harmonisierung unterscheiden sich die Rechtssachen *Taricco* sowie *M. A. S. und M. B.* auch ausdrücklich von anderen verfassungsidentitätssensiblen Rechtssachen wie *Egenberger*[7], *IR*[8] – oder selbst *Melloni*[9].

Aus diesem Grund entschied der Gerichtshof, dass nationale Gerichte in Strafverfahren im Bereich der Mehrwertsteuer zum Schutz der italienischen Verfassungsordnung nicht verpflichtet sind, der *Taricco*-Entscheidung nachzukommen, selbst wenn durch die Anwendung einer mit dem Unionsrecht unvereinbaren nationalen Sachlage abgeholfen werden könnte.[10]

Bereits an der *M. A. S. und M. B.*-Entscheidung ist abzulesen, dass, anders als der Jubilar in seinem Aufsatz 1991 schreibt, der EuGH nicht als Partei handelt, der „für sich ein politisches Mandat als Motor der Integration in Anspruch nimmt"[11], sondern als unabhängiger Schiedsrichter bei Konfliktlagen zwischen Union und Mitgliedstaaten, der den verfassungsrechtlichen Vorgaben der Gliedstaaten grundlegende Bedeutung zuschreibt.

II. Kooperation

Fast 20 Jahre später hat dieser Umstand den Jubilar offenbar dazu verleitet, in einem anderen Aufsatz, erschienen 2009 im *Deutschen Verwaltungsblatt* unter dem Titel „Das europäisierte Grundgesetz", von der „europäischen Berufung des Bundesverfassungsgerichts" auszugehen.

---

5 EuGH, Urt. v. 5.12.2017 – Rs. C-42/17 – ECLI:EU:C:2017:936, Rn. 45; siehe hierzu auch *Staffler*, ZStW 2018, 1173.

6 EuGH, Urt. v. 5.12.2017 – Rs. C-42/17 – ECLI:EU:C:2017:936, Rn. 51 ff. – M. A. S. und M. B.

7 EuGH, Urt. v. 17.4.2018 – Rs. C-414/16 – ECLI:EU:C:2018:257 – Egenberger.

8 EuGH, Urt. v. 11.9.2018 – Rs. C-68/17 – ECLI:EU:C:2018:696 – IR.

9 EuGH, Urt. v. 26.2.2013 – Rs. C-399/11 – ECLI:EU:C:2013:107 – Melloni.

10 EuGH, Urt. v. 5.12.2017 – Rs. C-42/17– ECLI:EU:C:2017:936, Rn. 62 – M. A. S. und M. B.

11 *Huber*, AöR 116 (1991), 213.

Die Europäisierung der im Grundgesetz etablierten Funktionenordnung hätte zur Folge, dass auch das Bundesverfassungsgericht „in einem Kooperationsverhältnis zum EuGH [steht], und zwar nicht nur in jener passiv-überheblichen Art, wie sie das Maastricht-Urteil andeutet. Vielmehr etablierten Grundgesetz und EUV einen aktiven richterlichen „Dialog" zwischen beiden Gerichten, in dem das Effektivitätsinteresse des Unionsrechts und das Beharrungsinteresse der deutschen Verfassungsordnung in einen – dem Integrationsstand angemessenen – Ausgleich zu bringen sind."[12]

Weiter führt der Jubilar aus, dass die bis dato geltende Haltung des Bundesverfassungsgerichts, sich „unter Berufung auf seine besondere Funktion im Rechtsprechungsgefüge und unter Hinweis auf seinen begrenzten Prüfungsmaßstab nicht für eine zur Vorlage geeignete Instanz [zu halten]", „eine effektive und für die Rechtssuchenden transparente Kooperation [verhindert] und [...] zudem in einem seltsamen Gegensatz zu der Tatsache [steht], dass es die Entscheidung der Fachgerichte über die Einholung einer Vorabentscheidung einer relativ rigiden Kontrolle am Maßstab des gesetzlichen Richters unterwirft (Art. 101 Abs. 1 Satz 2 GG)."[13]

Die Gratwanderung zwischen dem von ihm eingeforderten *Effektivitätsinteresse* des Unionsrechts und dem von Ihnen kritisierten *Beharrungsinteresse* der grundgesetzlichen Funktionsordnung wird – meines Erachtens – in besonderer Weise an der ersten Vorlage des Bundesverfassungsgerichts in der Rechtssache *Gauweiler*[14] ersichtlich.

Dagegen ließ der Karlsruher Vorlagebeschluss drei Jahre später in der Rechtssache *Weiss*[15] deutlicher Ihre Forderung erkennen, wonach „[d]er richterliche Dialog mit dem EuGH [...] Aufgabe aller nationalen Gerichte [ist], auch der Verfassungsgerichte."[16]

III. Rechtsstaatlichkeit

Das Gebot der konstruktiven Zusammenarbeit im Rahmen des Vorabentscheidungsverfahrens ist, wie der Jubilar in dem neueren Aufsatz „Europäische Verfassungs- und Rechtsstaatlichkeit in Bedrängnis", veröffentlicht 2017 in der Zeitschrift *Der Staat*, darlegt, damit nicht nur von grundlegen-

12 *Huber*, DVBl. 2009, 582.

13 *Huber*, DVBl. 2009, 582.

14 EuGH, Urt. v. 16.6.2015 – Rs. C-62/14 – ECLI:EU:C:2015:400 – Gauweiler u. a.

15 EuGH, Urt. v. 11.12.2018 – Rs. C-493/17 – ECLI:EU:C:2018:1000 – Weiss u. a.

16 *Huber*, DVBl. 2009, 582.

der Bedeutung, um den Charakter der Unionsrechtsordnung als wechselseitiger Auffang- und Kooperationsordnung zu bewahren.[17]

Richtigerweise dient die horizontale Interaktion der Gerichte außerdem der gemeinsamen Verantwortung, „Orientierungen und Arbeitsweisen der nationalen Richter fort[zu]bilden sowie eine gemeinsame Begrifflichkeit und damit eine gemeinsame Rechtskultur [für die Entwicklung des europäischen Rechtsraums zu] fördern."[18]

Damit leistet der europäische Rechtsprechungs- und Verfassungsgerichtsverbund einen entscheidenden Beitrag, dem Abbau demokratischer und rechtsstaatlicher Standards in einigen Mitgliedstaaten beharrlich den Gewährleistungsgehalt des europäischen Demokratieprinzips sowie die Rechtlichkeit der Europäischen Union entgegenzuhalten.

Die Solidarität zwischen nationalen und europäischen Gerichten trägt dabei wesentlich zur gesamteuropäischen Aufgabe der Demokratiesicherung bei.

In dem Verfahren *Minister for Justice and Equality* hat der Gerichtshof diesen Zusammenhang am Spannungsverhältnis von Rechtsstaatlichkeit und richterlicher Unabhängigkeit verdeutlicht:

In dem Urteil hat der Gerichtshof ausgeführt, „dass das Erfordernis der richterlichen Unabhängigkeit zum Wesensgehalt des Grundrechts auf ein faires Verfahren gehört, dem als Garant für den Schutz sämtlicher dem Einzelnen aus dem Unionsrecht erwachsender Rechte und für die Wahrung der in Art. 2 EUV genannten Werte, die den Mitgliedstaaten gemeinsam sind, unter anderem des Werts der Rechtsstaatlichkeit, grundlegende Bedeutung zukommt."[19]

In 30 Jahren rechts*wissenschaftlicher*, rechts*politischer* und recht*sprechender* Tätigkeit hat der Jubilar mit seinem verfassungs- und unionsrechtlichen Reflexionsvermögen wie auch mit seiner sinnstiftenden Beharrlichkeit einen überaus wertvollen Beitrag zum Verständnis des europäischen Rechtsraums geleistet.

Offenkundig hat er dabei nicht immer nur Argumente vertreten, die ich aus der Perspektive der Unionsgerichtsbarkeit uneingeschränkt teilen konnte.

Die zitierten Aufsätze legen allerdings nahe, dass er die Suche nach Lösungen für immer sensiblere Fragestellungen über die Grundlagen der

17 *Huber*, Der Staat 56 (2017), 389 (403 f.).

18 *Huber*, Der Staat 56 (2017), 389 (408).

19 EuGH, Urt. v. 25.7.2018 – Rs. C-216/18 – ECLI:EU:C:2018:586, Rn. 48 – Minister for Justice and Equality.

europäischen Integration als dezidiert gemeinsame Aufgabe von nationalen Gerichten und europäischer Gerichtsbarkeit verstanden hat, weshalb er dem formellen und informellen Dialog der Gerichte zu Recht eine besondere Bedeutung zuweist.

Der „Europäische Rechtsraum" als Ort wechselseitiger Selbstbeschränkung

Günter Krings

Inhaltsverzeichnis

I. Einleitung: Der „Europäische Rechtsraum"

Dass die Europäische Union nicht nur eine Wirtschaftsunion ist, sondern eine Union des Rechts ist[1], spiegelt sich auf vielfältige Weise im Werk und im Wirken Peter Michael Hubers.[2]

Dieses Fundament der europäischen Integration droht aber in der politischen Wahrnehmung immer wieder verloren zu gehen. Mitunter wird dieser rechtliche Aspekt auch eher kritisch als Ausdruck einer kleinteiligen „Regulierungs-Union" wahrgenommen. Zugleich werden die rechtlichen Grundlagen der Europäischen Union mitunter sehr liberal ausgelegt, während die auf ihrer Grundlage ergehenden verhaltensleitenden Regeln ein immer engeres regulatorisches Netz über den Gesetzgebungsorganen und letztlich über den Bürgerinnen und Bürgern der Mitgliedstaaten auswerfen.

---

* Für die Zuarbeit, Unterstützung und Mitwirkung bei der Erstellung dieses Beitrags dankt der Verfasser Herrn *Patrick Jäger*.

1 Vgl. u. a. *Lenaerts*, Europa-Rede: Die Rechtlichkeit der Europäischen Union, https://www.kas.de/einzeltitel/-/content/die-rechtlichkeit-der-europaischen-union <8.10.2020>, 7 ff.; EuGH, Urt. v. 23.4.1986 – Rs. C-294/83 – ECLI:EU:C:1986:166 – Les Verts/Parlament.

2 Statt vieler: *P.M. Huber*, Recht der Europäischen Integration, 2. Aufl. 2002 (3. Aufl. im Erscheinen, Dezember 2020); *P.M. Huber*, in: FS für Daniel Thürer, 2015, 305; *P.M. Huber*, in: FS für Peter-Christian Müller-Graff, 2015, 893.

Bei einer auch nur oberflächlichen machtpolitischen Analyse ist aber offensichtlich, dass die Mitgliedstaaten nur bereit sind, Hoheitsrechte auf eine supranationale Organisation zu übertragen, wenn diese ihrerseits an die sie begründenden Verträge und an das auf dieser Grundlage geschaffene sekundäre Recht gebunden ist. Aus einer rechtsgebundenen Europäischen Union entsteht so mit der Verbreiterung der Kompetenzen der Europäischen Union und der Verdichtung des europäischen Regelungsgeflechts unter gleichzeitiger Etablierung indirekter oder gar direkter Rechtsbeziehungen zwischen der Europäischen Union und den Bürgern der Union tatsächlich ein „Europäischer Rechtsraum".

Eine wesentliche Ausprägung dieses „Europäischen Rechtsraumes" ist die des Raumes der Freiheit, der Sicherheit und des Rechts. Diese ist thematisch auf den Vertrag von Maastricht aus dem Jahr 1992[3] und begrifflich auf den Vertrag von Amsterdam aus dem Jahr 1997[4] zurückzuführen. Allerdings ist diese Ausprägung nicht die erste und erst recht nicht die einzige Emanation dieses Rechtsraumes. So spricht Art. 8 Abs. 1 EUV vom „Raum des Wohlstandes und der guten Nachbarschaft". Im Rahmen der Lissabon-Strategie sollte die Europäische Union zum wettbewerbsfähigsten und dynamischsten wissensbasierten Wirtschaftsraum der Welt gemacht werden.[5] Neben der Förderung des europäischen Wirtschaftsraumes waren auch die Erweiterung des Forschungs- und Informationsraumes sowie die Vernetzung innerhalb dieser Räume zentrale Anliegen der Lissabon-Strategie.[6] Vor diesem Hintergrund liegt die Annahme nahe, dass die Europäische Union geradezu in Raumvorstellungen schwelgt.[7] *Bernhard Kempen* spricht in diesem Zusammenhang gar von einem „spatial turn" in der politischen Unionsstrategie.[8] Mit dem Begriff des „Raumes" befreit sich die Europäische Union vor allem aus der Verlegenheit, dass ihr die Nutzung eines dezidiert staatsrechtlichen Begriffes wie jener des „Staatsgebiets" als supranationale Organisation verwehrt sei.

Bei dem Konzept des Raumes der Freiheit, der Sicherheit und des Rechts haben wir es mit dem stärksten und wichtigsten Ausdruck des europäischen Raumdenkens zu tun, da in diesem Raumkonzept nichts Geringeres

---

3 Vertrag über die Europäische Union v. 7.2.1992, ABl. Nr. C 191 v. 29.7.1992, 0001–0110.

4 Vertrag von Amsterdam zur Änderung des Vertrags über die Europäische Union, der Verträge zur Gründung der Europäischen Gemeinschaften sowie einiger damit zusammenhängender Rechtsakte v. 2.10.1997, ABl. Nr. C 340 v. 10.11.1997, 0001–0144.

5 Vgl. Die Lissabon-Strategie, WD 11-205/06, 4 m. w. N.

6 Die Lissabon-Strategie, WD 11–205/06, 4 m. w. N.

7 *Kempen*, Staat und Raum, 2014, 46.

8 *Kempen*, Staat und Raum, 2014, 47.

als die Zusammenarbeit im Bereich der Justiz und des Inneren im Mittelpunkt steht, es also die Grundlagen des politischen Zusammenlebens, wie die Gewährleistung von Sicherheit, die Gerichtsbarkeit, die Sicherung der Grenzen und das Migrationsrecht umfasst.[9] Hier geht es um die Fundamente moderner Staatlichkeit. Dabei bleibt der „Europäische Rechtsraum" jedenfalls territorial ein von den Mitgliedstaaten abgeleiteter Rechtsraum, wie es das unverändert gültige Prinzip der beweglichen Vertragsgrenzen vorschreibt.[10]

II. Die Europäische Kommission: ein supranationaler pouvoir neutre?

Mit den Dimensionen der Freiheit und Sicherheit des „Europäischen Rechtsraumes" erhöhen sich zugleich die Anforderungen an die Geltung und Durchsetzung des Rechts im Raum der Europäischen Union.

In diesem Zusammenhang wachsen nun die Erwartungen und Anforderungen an die Europäische Kommission in ihrer Rolle als „Hüterin der europäischen Verträge"[11]. Die Vorstellung der Europäischen Kommission als Vertragshüterin findet ihr Fundament insbesondere in der Vorstellung, dass einerseits die Mitgliedstaaten partikularen nationalen Interessen nachgehen – selbst dann, wenn sie in den Europäischen Räten zusammenwirken – und andererseits die Europäische Kommission die Wahrung des europäischen Rechts und dessen Durchsetzung sowie die Bildung eines kohärenten europäischen Rechtssystems verfolgt. Dies wird insbesondere normativ durch die Formulierung in Art. 17 Abs. 1 Satz 1 und 3 EUV deutlich. Dort ist festgehalten: „Die Kommission fördert die allgemeinen Interessen der Union und ergreift geeignete Initiativen zu diesem Zweck. Sie überwacht die Anwendung des Unionsrechts unter der Kontrolle des Gerichtshofs der Europäischen Union." Die tragende Rolle der Europäischen Kommission wird im Vertragstext durch das in Art. 258 AEUV normierte Vertragsverletzungsverfahren gegenüber den Mitgliedstaaten zum Ausdruck gebracht. Aufgrund dessen wird die Europäische Kommission daher im Geflecht institutioneller und mitgliedstaatlicher Kompetenzen zum Teil als supranationaler „pouvoir neu-

9 *Haack*, in: Leiße (Hrsg.), Die Europäische Union nach dem Vertrag von Lissabon, 2010, 220.

10 Vgl. *Kempen*, Staat und Raum, 2014, 47 sowie Art. 50 Abs. 1 EUV oder international für das Prinzip der beweglichen Vertragsgrenzen den Rechtsgedanken des Art. 28 des Wiener Übereinkommens über das Recht der Verträge (Wiener Vertragsrechtskonvention).

11 Vgl. z. B. *Lenaerts/van Nuffel*, Constitutional Law of the European Union, 2005, 427.

tre" verortet.[12] Dieses Attribut scheint bei näherer Betrachtung aber weder die Rolle der Europäischen Kommission noch die des Gerichtshofs der Europäischen Union angemessen zu beschreiben. Den Begriff des „pouvoir neutre" hat *Benjamin Constant* auf das Staatsoberhaupt als unabhängigen Mittler zwischen Legislative, Exekutive und Judikative gemünzt,[13] der eine andere Rolle spielte als das in Europa erst später entwickelte Konzept der Verfassungsgerichtsbarkeit. Auch das Profil und die Aufgabe der Europäischen Kommission weichen erheblich von einem neutralen Mittler zwischen den drei Gewalten ab. Die Europäische Kommission übt vertraglich festgelegte Kompetenzen aus und stellt sich hierbei als zentraler Akteur sowohl unter den europäischen Institutionen als auch gegenüber den Mitgliedstaaten dar.

III. Der Rollenkonflikt der Europäischen Kommission

Die Europäische Kommission hat neben ihrer Aufgabe als „Hüterin der europäischen Verträge" auch – mit wenigen Ausnahmen – das Monopol betreffend die unionalen Gesetzesinitiativen nach Art. 17 Abs. 2 Satz 1 EUV.

Gesetzgebungsakte der Europäischen Union dürfen, soweit in den europäischen Verträgen nichts anderes festgelegt ist, nur auf Vorschlag der Europäischen Kommission erlassen werden. Die Exklusivität dieses Initiativrechts der Europäischen Kommission hat zugleich eine Beschränkung der beschließenden Organe zur Folge. Neben den Gesetzgebungsakten, die auf Vorschlag der Europäischen Kommission erfolgen, können andere Rechtsakte, wenn dies in den europäischen Verträgen vorgesehen ist, auf der Grundlage eines Kommissionsvorschlags erlassen werden. Dies führt zu der besonderen Situation, in der die Europäische Kommission aus ihrer Rolle einer bloßen Rechtswahrerin gemäß Art. 258 ff. AEUV heraustritt und zusätzlich die Rolle einer Rechtssetzerin und Rechtsgestalterin übernimmt.

Der latente Rollenkonflikt findet aber nicht nur horizontal in den Funktionen der Europäischen Kommission als Mitwirkende von Rechtsänderungen und Hüterin des Rechtsbestandes statt, sondern es ergibt sich zugleich ein vertikaler Konflikt gegenüber den Mitgliedstaaten. Die Europäische Kommission wacht einerseits über die jeweiligen, vertraglich festgelegten Kompetenzreichweiten der Europäischen Union und ihrer Mitgliedstaaten und andererseits versteht sich die Europäische Kommission als Motor und An-

12 *Kokott*, ZaöRV 69 (2009), 280; zugleich kritische Auseinandersetzung mit dem Begriff des pouvoir neutre für die Europäische Kommission.

13 *Constant*, Cours de Politique Constitutionnelle, 2. Aufl. 1836, Bd. 1, 1.

trieb der europäischen Rechtsentwicklung. Dabei gehört insbesondere vor dem Hintergrund des Prinzips der begrenzten Einzelermächtigung in Art. 5 Abs. 2 EUV die Zuständigkeitsverteilung zwischen nationaler und supranationaler Ebene zu den Eckpfeilern der Europäischen Union. Ausweislich des Art. 4 Abs. 2 EUV achtet die Europäische Union die jeweilige nationale Identität der Mitgliedstaaten. Hieraus ergibt sich, dass die Kompetenznormen als Bestandteile der Europäischen Verträge von der Europäischen Kommission selbstverständlich auch zugunsten der Mitgliedstaaten zu hüten sind.[14] Allerdings ist die Europäische Kommission nach Art. 17 Abs. 1 EUV dazu berufen, zur Förderung der allgemeinen Interessen der Europäischen Union geeignete Initiativen zu ergreifen. Insoweit wird die Europäische Kommission regelmäßig nicht die mitgliedstaatliche Perspektive einnehmen, sondern versuchen, in möglichst vielen Politikbereichen für ein einheitliches und kohärentes europäisches Rechtsregime zu sorgen.

Dies soll kein Vorwurf an die Europäische Kommission sein, vielmehr resultiert dieses Spannungsfeld aus einem strukturellen und institutionellen Befund hinsichtlich der der Europäischen Kommission vertraglich zugewiesenen Stellung. Auch ohne einen Antagonismus zwischen der Europäischen Union, und ihrer Kommission auf der einen Seite und den Mitgliedstaaten der Europäischen Union auf der anderen Seite zu konstruieren, ist aber offenkundig, dass die Rolle der Europäischen Kommission als „Hüterin der europäischen Verträge“ mit ihrer Rolle als zentraler Akteur der Rechtsetzung in Widerstreit geraten kann und gerät. Die Europäische Kommission scheint sich in der Tendenz jedenfalls spätestens seit der Zeit unter ihrem ehemaligen Präsidenten *Jean-Claude Juncker* auch für eine Seite in diesem Spannungsfeld entschieden zu haben. Mit der These von der „politischen Kommission“, die *Jean-Claude Juncker* schon in seiner Bewerbungsrede vor dem Europäischen Parlament am 15. Juli 2014 vertrat, fokussierte er ganz sicher nicht die Aufgabe der Europäischen Kommission als Rechtshüterin. *Juncker* sprach wörtlich davon: „Die Kommission ist politisch. Ich möchte, dass sie noch politischer wird. Sie wird sehr politisch sein.“[15] Die aktuelle Europäische Kommission unter ihrer neuen Präsidentin *Ursula von der Leyen* wird aller Wahrscheinlichkeit nach weiterhin auf diesem bereits eingeschlagenen Weg dieses Spannungsfeldes ihre Rolle fortführen. *Ursula von*

14 Vgl. kritisch hierzu: *Calliess*, Grundsatz der Subsidiarität: Nur ein leeres Versprechen?, Vortrag im Rahmen der 54. Bitburger Gespräche, Biersdorf, 12.–13.01.2011 https://www.uni-trier.de/fileadmin/fb5/inst/IRP/ZZ__do_not_use__/03_Events/Bitburger_Gespräche/2011/RLP/Doc/Vorabversion_BG54_05_Calliess.pdf <8.10.2020>.

15 *Juncker*, Ein neuer Start für Europa: Meine Agenda für Jobs, Wachstum, Fairness und demokratischen Wandel, 16, vgl. https://ec.europa.eu/commission/sites/beta-political/files/juncker-political-guidelines-speech_de_1.pdf <8.10.2020>.

der Leyen betonte schon mehrfach, dass ihre „Kommission eine geopolitische Kommission sein werde“[16]. Die Rolle der Hüterin ist seitens der neuen Präsidentin der Europäischen Kommission bereits ebenfalls um eine neue, weitere Facette ergänzt worden. So sprach *Ursula von der Leyen* davon: „Ich wünsche mir auch, dass die Europäische Union die Hüterin des Multilateralismus ist, denn wir wissen, dass wir stärker sind, wenn wir das, was wir allein nicht schaffen können, gemeinsam tun.“[17]

Dieser Rollenkonflikt der Europäischen Kommission hat sich in den vergangenen Jahren – auch in der Zeit vor der aktuellen Europäischen Kommission – durchaus realisiert. Als Beispiel ließen sich gewiss die Vorschläge der Europäischen Kommission im Kontext der sogenannten „Euro-Rettung“ anführen. Mir liegt jedoch verständlicherweise das Beispiel der Grenzsicherungspolitik näher. Auf dessen Betrachtung möchte ich mich nachfolgend konzentrieren.

Die Grenzsicherung ist bis heute eine nationale Aufgabe.[18] Die Absicht der Europäischen Kommission, diese Aufgabe schrittweise zu europäisieren, ist nicht zu kritisieren. Ein gemeinsamer Schengen-Raum ohne Binnengrenzkontrollen verlangt geradezu nach einem gemeinsamen Grenzschutzregiment. Das verlangt zugleich eine Verstärkung der europäischen Grenzschutzagentur Frontex und ihren Ausbau zu einer echten Grenzpolizei, die – gemeinsam mit der jeweils nationalen Grenzpolizei – den Grenzschutz und die Grenzkontrollen betreibt. Voraussetzung hierfür ist aber zwingend ausreichendes Personal. Ein gewiss nicht zu unterschätzender Beitrag war in diesem Zusammenhang die Annahme des Verordnungsvorschlages der Europäischen Kommission zu einer neuen Verordnung zur Stärkung der Europäischen Grenz- und Küstenschutzagentur und zum besseren Schutz der Außengrenzen der Europäischen Union[19] durch das Europäische Parla-

---

16 *von der Leyen*, Eine Union, die mehr erreichen will, Pressemitteilung der Europäischen Kommission v. 10.9.2019, vgl. https://ec.europa.eu/commission/presscorner/detail/de/ip_19_5542 <8.10.2020>; *von der Leyen*, Mission Letter an Josep Borell v. 10.9.2019, vgl. https://ec.europa.eu/commission/sites/beta-political/files/mission-letter-josep-borrell-2019_en.pdf <8.10.2020>; *von der Leyen*, Rede bei dem Paris Peace Forum am 12.11.2019, vgl. https://ec.europa.eu/commission/presscorner/detail/en/speech_19_6270 <8.10.2020>.

17 *von der Leyen*, Eine Union, die mehr erreichen will, Pressemitteilung der Europäischen Kommission v. 10.9.2019, vgl. https://ec.europa.eu/commission/presscorner/detail/de/ip_19_5542 <8.10.2020>; *von der Leyen*, Eine Union, die mehr erreichen will – Meine Agenda für Europa, Politische Leitlinien für die künftige Europäische Kommission 2019–2024, vgl. https://ec.europa.eu/info/sites/info/files/political-guidelines-next-commission_de.pdf <8.10.2020>, 20.

18 Vgl. statt vieler für die Bundesrepublik Deutschland § 2 BPolG, der der nationalen Gesetzgebungskompetenz gemäß Art. 73 Abs. 1 Nr. 5 GG unterliegt.

19 Verordnung (EU) 2019/1896 des Europäischen Parlaments und des Rates v. 13.11.2019 über die Europäische Grenz- und Küstenwache und zur Aufhebung der Verordnungen (EU) Nr. 1052/2013 und (EU) 2016/1624, ABl. Nr. L 295 v. 14.11.2019, 0001–0131.

ment am 17. April 2019.[20] Hierdurch sollen neben einer neuen ständigen Reserve von bis zu 10.000 Grenzbeamten die Mitgliedsstaaten bei Grenzkontrollen und Rückführungsaufgaben sowie beim Kampf gegen grenzüberschreitende Kriminalität unterstützt und eine verstärkte Zusammenarbeit mit Drittstaaten, die nicht Mitglied der Europäischen Union sind, ermöglicht werden. Noch wichtiger ist allerdings, dass zu diesem Zweck die europäische Grenzschutzagentur Frontex mit ausreichenden Kompetenzen und Eingriffsbefugnissen ausgestattet wird. Teil dieses Außengrenzenkonzepts muss dann natürlich auch die Prüfung von Asylverfahren an der Außengrenze der Europäischen Union und die Zurückführung abgelehnter Asylbewerber von dort sein.

Ein Bundespolizist, der sich heute zur europäischen Grenzschutzagentur Frontex abordnen lässt, verliert sehr schnell seine Motivation, wenn er feststellt, dass er etwa in Griechenland im Wesentlichen Strichlisten führt und an einem Registrierungsprozess mitwirkt, der hauptsächlich dazu führt, dass sich der Zugang für weitere Asylsuchende nach Europa – und damit letztlich für die meisten nach Deutschland – schneller vollzieht. Auf der Basis der jetzigen Rechtsgrundlagen für die europäische Grenzschutzagentur Frontex können wir die Polizeibeamten in Deutschland – sei es bei der Schleierfahndung oder bei temporären Grenzkontrollen – besser und effektiver einsetzen.

Folglich geht es daher bei der Ausweitung von Befugnissen der europäischen Grenzschutzagentur Frontex um Rechtsänderungen, die notwendig sind, um den Kernbestand des Raumes der Freiheit, der Sicherheit und des Rechts auch tatsächlich durchzusetzen. Insofern ließen sich hier auf produktive Weise die Aufgaben der Europäischen Union zur Rechtswahrung und zur Rechtsetzung verbinden. Die Vorschläge der Europäischen Kommission hierzu sowie die neue Verordnung über die Europäische Grenz- und Küstenwache gehen zwar durchaus in die richtige Richtung.[21] Allerdings sind diese an manchen Stellen weiterhin zu zaghaft. Die Europäische Kommission hat zu lange zu wenig unternommen, um den gefährlichen Widerspruch aufzulö-

20 Pressemitteilung des Europäischen Parlaments v. 17.4.2019, vgl. https://www.europarl.europa.eu/news/de/press-room/20190410IPR37530/frontex-aufstockung-standige-reserve-von-10-000-grenzbeamten <8.10.2020>.

21 Vgl. Vorschlag für eine Verordnung des Europäischen Parlaments und des Rates über die Europäische Grenz- und Küstenwache und zur Aufhebung der Gemeinsamen Aktion 98/700/JHA des Rates, der Verordnung (EU) Nr. 1052/2013 des Europäischen Parlaments und des Rates und der Verordnung (EU) 2016/1624 des Europäischen Parlaments und des Rates – Beitrag der Europäischen Kommission zum Treffen der Staats- und Regierungschefs in Salzburg v. 19.–20.9.2018, COM(2018) 631 final, 2018/0330 (COD); Verordnung (EU) 2019/1896 des Europäischen Parlaments und des Rates v. 13.11.2019 über die Europäische Grenz- und Küstenwache und zur Aufhebung der Verordnungen (EU) Nr. 1052/2013 und (EU) 2016/1624, ABl. Nr. L 295 v. 14.11.2019, 0001–0131.

sen, der darin liegt, dass zwar Personenkontrollen an den Binnengrenzen abgeschafft worden sind, der Grenzschutz aber nicht gemeinsam organisiert worden ist und dieser insgesamt auf keinem angemessenen Niveau rangiert.

Nicht zu verschweigen ist, dass eine Reihe von Mitgliedstaaten diesen Prozess hin zu einem stärkeren europäischen Grenzschutz bremst und daher ein Großteil der Kritik nicht der Europäischen Kommission gebührt. Diese Haltung der Mitgliedstaaten begründet sich aus zwei Perspektiven. Zum einen gibt es die Mitgliedstaaten, die eine gemeinsame europäische Grenzpolizei nicht wollen. Zum anderen vertreten Mitgliedstaaten die Auffassung, dass es keine ineffektive, machtlose oder laxe Grenzpolizei geben solle. Dass die Bundesrepublik Deutschland zu der letzteren Gruppe gehört, ist nicht zu bedauern, sondern richtig und konsequent. Kritikwürdig sind aber die erstgenannten Mitgliedstaaten, von denen viele ihre nationale Souveränität zwar nicht durch die Abschaffung von Binnengrenzkontrollen, aber sehr wohl durch eine gemeinschaftliche Außengrenzkontrolle bedroht sahen. Einen Souveränitätsverlust fürchten sie also nicht beim Abbau von Sicherheit, sondern nur bei einer gemeinschaftlichen Sorge für die Sicherheit. Dies führt zu einer merkwürdigen Form politischer Schizophrenie mit der Tendenz zu anarchischen Ergebnissen.

Wirklich problematisch war in der Vergangenheit aber der Umgang der Europäischen Kommission mit dem geltenden Recht in diesem Kontext. Solange die Grenzsicherung eine nationale Aufgabe ist, ist effektiver Grenzschutz im Schengen-Raum auch eine Pflicht der jeweiligen Mitgliedstaaten, auch eine Pflicht gegenüber der Europäischen Union. Aus diesem Grund darf die Europäische Kommission als Vertragshüterin auf der einen Seite nicht achselzuckend darüber hinwegsehen, wenn ein europäischer Mitgliedstaat zeigt oder gar erklärt, nicht nur er, sondern man – und damit die Europäische Union – könne seine Grenzen gar nicht schützen. Auf der anderen Seite ist die Europäische Kommission insoweit nicht untätig geblieben, als dass sie mehrere Vertragsverletzungsverfahren gegen Mitgliedstaaten, darunter auch gegen die Bundesrepublik Deutschland, betrieben hat, die eine angeblich zu starke Inanspruchnahme vom Instrument der Schleierfahndung zum Gegenstand hatten.[22] Dass hier jede mögliche Vertragsverletzung zunächst für sich geprüft werden muss, ist ebenso nachvollziehbar, wie es selbstverständlich sein sollte, dass die europarechtliche Zulässigkeit alternativer grenzpolizeilicher Sicherheitsmaßnahmen auch davon abhängt, wie gut die primäre Sicherheitsaufgabe im Schengen-Raum,

22 EuGH, Urt. v. 21.6.2017 – Rs. C-9/16 – ECLI:EU:C:2017:483; *Becker*, ZJS 2017, 705; EuGH, Urt. v. 19.7.2012 – Rs. C-278/12 PPU; EuGH, Urt. v. 22.6.2010 – Rs. C-188/10 und C-189/10 – ECLI:EU:C:2010:363 – Melki/Abdeli.

nämlich der Schutz der Außengrenzen, funktioniert. Die Entscheidung der Europäischen Kommission, in einem Fall wegzuschauen und in einem anderen Fall von einer Vertragsverletzung auszugehen, ist nicht nur schwer begründbar, sondern hat dem Konzept vom europäischen Raum der Freiheit, der Sicherheit und des Rechts Schaden zugefügt.

IV. Der Gerichtshof der Europäischen Union als Hüter der Kompetenzschranken der Europäischen Union?

Wenn die Europäische Kommission – jedenfalls aus mitgliedstaatlicher Perspektive – ihrer „Vertragshüter“-Rolle nicht hinreichend gerecht wird, ist die Frage naheliegend, ob der Gerichtshof der Europäischen Union dieses Defizit zu kompensieren vermag.

Oder bescheidener formuliert stellt sich die Frage, ob der Gerichtshof der Europäischen Union jedenfalls seine im primären Recht der Europäischen Union ihm übertragene Hüter-Rolle auch als Wächter über die Kompetenzschranken der Europäischen Union wahrnimmt. Es entspricht zumindest der Tradition moderner Verfassungsstaatlichkeit, einem Gericht die Rolle des Schlichters bei Kompetenzkonflikten zwischen Institutionen zuzuweisen.[23] Diese Grundidee findet sich in der Konstruktion des Gerichtshofs der Europäischen Union ebenfalls wieder. Indes bestehen – nicht nur in Deutschland – Unsicherheiten darüber, inwieweit der Gerichtshof der Europäischen Union diese Rolle eines Konfliktschlichters zwischen der Europäischen Union und ihren Mitgliedstaaten ausfüllt, wenn es um die Abgrenzung ihrer jeweiligen Kompetenzen geht.

Der Gerichtshof der Europäischen Union hat über das sekundäre Unionsrecht ein Verwerfungsmonopol, nach seiner eigenen Rechtsprechung gar ein alleiniges Verwerfungsmonopol (*Foto-Frost-Entscheidung*).[24] Dadurch und verbunden mit der ebenfalls vom Gerichtshof der Europäischen Union etablierten Lehre vom Anwendungsvorrang des Rechts der Europäischen Union verfügt der Gerichtshof der Europäischen Union über eine nicht unerheblich judikative Machtfülle.[25] In den Mitgliedstaaten herrscht vor die-

---

23 *Herdegen*, ZaöRV 69 (2009), 265.

24 EuGH, Urt. v. 22.10.1987 – Rs. C-314/85 – ECLI:EU:C:1987:452 – Foto-Frost.

25 EuGH, Urt. v. 5.2.1963 – Rs. C-26/62 – ECLI:EU:C:1963:1 – Van Gend en Loos/Administratie der Belastingen; EuGH, Urt. v. 15.7.1964 – Rs. C-6/64 – ECLI:EU:C:1964:66 – Costa/E. N. E. L.; EuGH, Urt. v. 17.12.1970 – Rs. C-11/70 – ECLI:EU:C:1970:114 – Internationale Handelsgesellschaft; EuGH, Urt. v. 9.3.1978 – Rs. C-106/77 – ECLI:EU:C:1978:49 – Simmenthal II; *Lenaerts*, EuR 2015, 3; *Ludwigs/Sikora*, EWS 2016, 121 (121 f.).

sem Hintergrund häufig ein gewisses Misstrauen, ob der Gerichtshof der Europäischen Union seiner Rolle als Konfliktschlichter ausgehend von seinem Verwerfungsmonopol hinlänglich unparteiisch nachkommt. Eine faire Analyse muss dabei zwar zur Kenntnis nehmen, dass es inzwischen einzelne Entscheidungen des Gerichtshofs der Europäischen Union gibt, die der Europäischen Union eine Kompetenz zum Erlass von Gesetzgebungsakten abgesprochen haben. In diesem Zusammenhang sei beispielsweise an das Urteil des Gerichtshofs der Europäischen Union vom 5. Oktober 2000 erinnert, in welchem der Gerichtshof der Europäischen Union auf Antrag der Bundesrepublik Deutschland die damalige Tabakwerbe-Richtlinie[26] für nichtig erklärte.[27] Dennoch ist das erwähnte Misstrauen nicht unbegründet. So war es aus der jüngeren Rechtsprechung rechtsdogmatisch nicht ohne Weiteres nachvollziehbar, dass der Gerichtshof der Europäischen Union das „Outright Monetary Transactions"-Programm der Europäischen Zentralbank nicht als ultra vires eingestuft hat.[28] Ferner wird anhand weiterer Beispiele aus mitgliedschaftlicher Perspektive deutlich, dass die Gesetzgebung der Europäischen Union in originäre mitgliedstaatliche Kompetenzen übergreift. Nachfolgend wird auf zwei Beispiele eingegangen, die insbesondere den thematischen Bereich der Innenpolitik betreffen.

Zum einen ist dies die Entscheidung des Gerichtshofs der Europäischen Union zu *Tele2 Sverige AB*, verbunden mit der Rechtssache *Watson u.a.*, betreffend die Vorratsdatenspeicherung.[29] In dieser Rechtssache ging es um die Frage, ob und gegebenenfalls in welchem Umfang die Datenschutzrichtlinie für elektronische Kommunikation[30] einer in den Mitgliedstaaten angeordneten Vorratsdatenspeicherung entgegenstehe. Die Große Kammer des Gerichtshofs der Europäischen Union hat entschieden, dass diese Richtlinie einer nationalen Regelung entgegensteht, die für Zwecke der Bekämpfung von Straftaten eine allgemeine und unterschiedslose Vorratsspeicherung sämtlicher Verkehrs- und Standortdaten aller Teilnehmer und registrierten Nutzer in Bezug auf alle elektronischen Kommunikationsmittel vorsieht. Dem offensichtlichen Argument des Mitgliedstaates, dass es vor-

26 Richtlinie 98/43/EG des Europäischen Parlaments und des Rates v. 6.7.1998 zur Angleichung der Rechts- und Verwaltungsvorschriften der Mitgliedstaaten über Werbung und Sponsoring zugunsten von Tabakerzeugnissen, ABl. Nr. L 213 v. 30.7.1998, 9–12.

27 EuGH, Urt. v. 5.10.2000 – Rs. C-376/98 – ECLI:EU:C:2000:544 – Deutschland/Parlament und Rat.

28 EuGH, Urt. v. 15.6.2015 – Rs. C-62/14 – ECLI:EU:C:2015:400 – Gauweiler u. a.

29 EuGH, Urt. v. 21.12.2016 – Rs. C-203/15 und C-698/15 – ECLI:EU:C:2016:970 – Tele2 Sverige AB und Watson u. a.

30 Richtlinie 2002/58/EG des Europäischen Parlaments und des Rates v. 12.7.2002 über die Verarbeitung personenbezogener Daten und den Schutz der Privatsphäre in der elektronischen Kommunikation (Datenschutzrichtlinie für elektronische Kommunikation), ABl. Nr. L 201 v. 31.7.2002, 37).

liegend nicht um die Regulierung von Kommunikation, sondern um die nationale (!) Aufgabe der Strafverfolgung gehe, hat der Gerichtshof der Europäischen Union versucht, mit einem Rückgriff auf die Europäische Grundrechte-Charta sowie mit den Argumenten von Effektivität und Harmonisierung zu begegnen.[31] Ohne auf die Einzelheiten der Argumentation des Gerichtshofs der Europäischen Union einzugehen, sieht die Richtlinie unter anderem die Harmonisierung der Vorschriften der Mitgliedstaaten vor, die erforderlich sind, um einen gleichwertigen Schutz der Grundrechte und Grundfreiheiten, insbesondere des Rechts auf Privatsphäre und Vertraulichkeit, in Bezug auf die Verarbeitung personenbezogener Daten im Bereich der elektronischen Kommunikation zu gewährleisten. Allerdings verdient es das erstaunliche Ergebnis des Gerichtshofs der Europäischen Union festgehalten zu werden: Der Strafverfolgungs-Bereich, der im Lichte von Art. 4 Abs. 2 EUV bis dato als Domäne mitgliedstaatlicher Kompetenz angesehen worden war, ist nun aufgrund der Europäischen Grundrechte-Charta von der Regelungszuständigkeit der Europäischen Union erfasst.

Art. 15 der Datenschutzrichtlinie für elektronische Kommunikation sieht ferner vor, dass die Mitgliedstaaten Rechte, im Interesse unter anderem der öffentlichen Sicherheit sowie der Verhütung und Verfolgung von Straftaten, beschränken können. Der Gerichtshof der Europäischen Union verkehrte diese Regelung in ihr Gegenteil. Nach der Auffassung des Gerichtshofs der Europäischen Union sei aus Art. 15 dieser Richtlinie nicht zu folgern, dass die im Streit stehenden Rechtsvorschriften im Sinne des Art. 15 Abs. 1 dieser Richtlinie von deren Geltungsbereich ausgeschlossen sind, da dieser Bestimmung damit jede praktische Wirksamkeit genommen würde.[32] Der Gerichtshof der Europäischen Union begründet dieses Ergebnis damit, dass Art. 15 Abs. 1 dieser Richtlinie voraussetze, dass die dort genannten nationalen Vorschriften, wie Vorschriften über die Aufbewahrung von Daten für Zwecke der Kriminalitätsbekämpfung, in den Geltungsbereich der Richtlinie fallen, da diese Richtlinie die Mitgliedstaaten zum Erlass solcher Vorschriften ausdrücklich nur dann ermächtigt, wenn die darin vorgesehenen Voraussetzungen eingehalten werden.[33]

Dass letztlich Unionsgrundrechte gegen vertragliche Kompetenznormen in Stellung gebracht werden – und dies in Bedenken erregender Weise vor-

31 EuGH, Urt. v. 21.12.2016 – Rs. C-203/15 und C-698/15 – ECLI:EU:C:2016:970 – Tele2 Sverige AB und Watson u. a.

32 EuGH, Urt. v. 21.12.2016 – Rs. C-203/15 und C-698/15 – ECLI:EU:C:2016:970 – Tele2 Sverige AB und Watson u. a.

33 EuGH, Urt. v. 21.12.2016 – Rs. C-203/15 und C-698/15 – ECLI:EU:C:2016:970 – Tele2 Sverige AB und Watson u. a.

liegend nicht erst im Rahmen des materiellen Prüfungsmaßstabes, sondern bereits bei der Begründung der unionalen Zuständigkeiten erfolgt –, war für verfassungshistorisch und rechtsvergleichend Interessierte vielleicht schon bei der Verabschiedung der Europäischen Grundrechte-Charta zu befürchten. Immerhin waren die Grundrechte der amerikanischen Bill of Rights und des 14. Zusatzartikels auch der Hebel, mit dem der US Supreme Court im 20. Jahrhundert eine massive Ausweitung der (amerikanischen) Unionskompetenzen gegenüber seinen Mitgliedstaaten begründete.[34] Dieser Prozess hat in den USA aber gerechnet von der Bill of Rights mehr als eineinhalb Jahrhunderte bis zu seinem (vorläufigen) Abschluss Mitte des 20. Jahrhunderts gedauert. In der Europäischen Union dauerte dieser Prozess nicht einmal ein Jahrzehnt. Dabei bietet der Wortlaut der Europäischen Grundrechte-Charta sogar noch einen viel schwächeren Anknüpfungspunkt für eine solche Kompetenzaneignung als der 14. Zusatzartikel der US-Verfassung. Rückblickend ist vor diesem Hintergrund fraglich, ob beispielsweise der Deutsche Bundestag der Ratifikation der Europäischen Grundrechte-Charta in Kenntnis dieser rasanten und nahezu unbegrenzten Auslegung durch den Gerichtshof der Europäischen Union zugestimmt hätte.

Als zweites Beispiel ist zum anderen die jüngste Entscheidung des Gerichtshofs der Europäischen Union zum kirchlichen Arbeitsrecht in der Rechtssache *Egenberger* anzuführen.[35] In dieser Rechtssache hat sich der Gerichtshof der Europäischen Union mit der Frage auseinanderzusetzen gehabt, inwieweit kirchliche Arbeitgeber Bewerber aufgrund ihrer Religionszugehörigkeit auswählen dürfen. Die Klägerin machte geltend, sie habe eine Stelle bei einem kirchlichen Arbeitgeber nicht bekommen, da sie konfessionslos sei. Nach ihrer Auffassung stellt dies einen Verstoß gegen Art. 10 Abs. 1 der Europäischen Grundrechte-Charta dar. Außerdem führte die Klägerin aus, dass sie wegen ihrer Weltanschauung diskriminiert worden sei und mithin ein Verstoß gegen Art. 1 und 2 der Antidiskriminierungsrichtlinie vorliege. Der kirchliche Arbeitgeber berief sich – naheliegender Weise – für die Relevanz einer bestimmten Religionszugehörigkeit für eine Anstellung auf das kirchliche Selbstbestimmungsrecht. Dieses kirchliche Selbstbestimmungsrecht ist immerhin in Art. 17 Abs. 1 AEUV abgesichert. Hiernach muss die Europäische Union den Status von Kirchen und Religionsgemeinschaften in den Mitgliedstaaten achten. In der Rechtssache *Egenberger* verlangt der Gerichtshof der Europäischen Union nun allerdings, dass zwischen den vom Arbeitgeber, also hier dem von der Religionsgemeinschaft aus ihrem Ethos heraus, aufgestellten

34 *Trute*, ZaöRV 49 (1989), 191 (191 ff., 206 f., 222 ff. m.w.N., 235 ff.).

35 EuGH, Urt. v. 17.4.2018 – Rs. C-414/16 – ECLI:EU:C:2018:257 – Egenberger.

beruflichen Anforderungen und der fraglichen Tätigkeit ein direkter Zusammenhang objektiv überprüfbar vorliegen muss.[36] Aus Sicht des deutschen Staatskirchenrechts ist diese Entscheidung des Gerichtshofs der Europäischen Union höchst problematisch, da nach deutschem Verfassungsverständnis die Entscheidung darüber, was als eigene Angelegenheiten der Kirchen im Sinne von Art. 140 GG in Verbindung mit Art. 137 Abs. 3 WRV zu verstehen ist, den Kirchen selbst obliegt.[37] Der Gerichtshof der Europäischen Union tastet hier das nationale Verständnis des Staat-Kirche-Verhältnisses an, welches nach Art. 17 AEUV gerade unangetastet bleiben soll. Unverständlich bleibt, warum der Gerichtshof der Europäischen Union in der Rechtssache *Egenberger* nicht seine Rechtsprechung aus den Präzedenzfällen in den Rechtssachen *Omega*[38] und *Sayn-Wittgenstein*[39] fortgeführt hat. Eine größere Zurückhaltung hätte schon deswegen nahe gelegen, weil einerseits verfassungsrechtliche Grundwerte der Bundesrepublik Deutschland betroffen und andererseits grundlegende Werte der Europäischen Union nicht gefährdet waren.

Gerne will ich betonen, dass wir die Leistungen und Stärken des Gerichtshofs der Europäischen Union nicht verschweigen dürfen. Der Gerichtshof der Europäischen Union erfüllt seine schwierige Aufgabe, auf der Grundlage von mehr als zwei Dutzend Rechtskulturen, das europäische Recht auszulegen, regelmäßig in bewundernswerter Weise. Allerdings kommt auch eine angenommene Integrationstendenz nicht ohne Grenzen bei der Rechtsauslegung aus. Wenn es nämlich um die Kompetenzkontrolle der Europäischen Union geht, scheint der Gerichtshof der Europäischen Union im Regelfall eher an der Selbstverortung der Europäischen Kommission als politischer Kommission Maß zu nehmen.

V. Die Rolle der nationalen Verfassungsgerichtsbarkeit

Nach dieser doppelten Enttäuschung soll sich der Blick auf die nationale Ebene und damit auf die nationale Verfassungsgerichtsbarkeit richten.

Dabei stellt sich unweigerlich die Frage: Kann die auf europäischer Ebene offensichtlich defizitäre Kompetenzkontrolle durch eine nationale kompensiert werden? Das Bundesverfassungsgericht hat in diesem Zusammenhang die Topoi der Identitäts- und der Ultra-vires-Kontrolle entwickelt, um auf

36 EuGH, Urt. v. 17.4.2018 – Rs. C-414/16 – ECLI:EU:C:2018:257 – Egenberger.

37 *Greiner*, NZA 2018, 1289; *Junker*, EuZA 2018, 304.

38 EuGH, Urt. v. 14.10.2004 – Rs. C-36/02 – ECLI:EU:C:2004:614 – Omega.

39 EuGH, Urt. v. 22.12.2010 – Rs. C-208/09 – ECLI:EU:C:2010:806 – Sayn-Wittgenstein.

unionale Kompetenzüberschreitung zu reagieren.[40] So will das Bundesverfassungsgericht sicherstellen, dass Maßnahmen von Organen, Einrichtungen und sonstigen Stellen der Europäischen Union das Integrationsprogramm nicht in offensichtlicher und strukturell bedeutsamer Weise überschreiten.[41]

Die Funktionsgrenzen nationaler Rechtsprechung werden aber schon auf der prozessualen Seite solcher Fälle deutlich. Diese zeigen sich bereits bei der Frage, in welchem Verfahren und durch welchen Antragsteller solche Grenzüberschreitungen geltend gemacht werden können. Vor dem deutschen Verfassungsgericht bleibt hier in der Praxis nur das „Jedermann-Verfahren" der Verfassungsbeschwerde[42], die hier allerdings zur Popularklage degenerieren muss, weil als subjektives Recht nur das Wahlrecht herangezogen werden kann, mit der etwas konstruiert wirkenden Begründung, die Verschiebung von Kompetenzen vom Bund, also dem nationalen Mitgliedstaat, an die Europäische Union entwerte das Wahlrecht zur Bundestagswahl.[43]

Generell dürfte es unstreitig sein, dass ein europäischer Ultra-vires-Fall durch eine nationale, ihrerseits die Organkompetenzen überschreitende, Kompetenzkontrolle nur schwerlich in den Griff zu bekommen ist. Daher betont das Bundesverfassungsgericht seit dem *Honeywell*-Urteil[44] auch zurecht, dass die Europarechtsfreundlichkeit des Grundgesetzes es gebiete, Ultra-vires- und Identitätskontrolle zurückhaltend auszuüben. Die Auslegung und Anwendung des Unionsrechts sei eben zuvörderst Aufgabe des Gerichtshofs der Europäischen Union.[45] Das Bundesverfassungsgericht müsse selbst „eine richterliche Rechtsfortbildung durch den Gerichtshof vielmehr auch dann respektieren, wenn dieser zu einer Auffassung gelangt, der sich mit gewichtigen Argumenten entgegentreten ließe, solange sie sich auf anerkannte methodische Grundsätze zurückführen lässt und nicht objektiv willkürlich erscheint."[46] Im Ergebnis ergibt sich daher zu der oben aufgewor-

40 BVerfG, Urt. v. 30.6.2009 – 2 BvE 2/08, 2 BvE 5/08, 2 BvR 1010/08, 2 BvR 1022/08, 2 BvR 1259/08, 2 BvR 182/09 – BVerfGE 123, 267 – Lissabon; BVerfG, Beschl. v. 15.12.2015– 2 BvR 2735/14 – BVerfGE 140, 317 – „Solange III"/„Europäischer Haftbefehl II"; *Burchardt*, ZaöRV 76 (2016), 527; BVerfG, Beschl. v. 6.7.2010–2 BvR 2661/06 – BVerfGE 126, 286 – Honeywell; *Ludwigs/Sikora*, EWS 2016, 121 (123 ff., 126 ff.).

41 BVerfG, Urt. v. 30.6.2009 – 2 BvE 2/08, 2 BvE 5/08, 2 BvR 1010/08, 2 BvR 1022/08, 2 BvR 1259/08, 2 BvR 182/09, Rn. 241 – BVerfGE 123, 267 (354 f.) – Lissabon.

42 Vgl. jüngst BVerfG, Urt. v. 5.5.2020 – 2 BvR 859/15, 2 BvR 1651/15, 2 BvR 2006/15, 2 BvR 980/16, – http://bverfg.de/e/rs20200505_2bvr085915.html <8.10.2020> – EZB.

43 BVerfG, Urt. v. 30.6.2009 – 2 BvE 2/08, 2 BvE 5/08, 2 BvR 1010/08, 2 BvR 1022/08, 2 BvR 1259/08, 2 BvR 182/09, Rn. 208 ff. – BVerfGE 123, 267 (340 ff.) – Lissabon.

44 BVerfG, Beschl. v. 6.7.2010 – 2 BvR 2661/06 – BVerfGE 126, 286 – Honeywell.

45 BVerfG, Urt. v. 30.6.2009 – 2 BvE 2/08, 2 BvE 5/08, 2 BvR 1010/08, 2 BvR 1022/08, 2 BvR 1259/08, 2 BvR 182/09, Rn. 323 – BVerfGE 123, 267 (397 f.) – Lissabon.

46 BVerfG, Urt. v. 21.6.2016 – 2 BvR 2728/13, 2 BvR 2729/13, 2 BvR 2730/13, 2 BvR 2731/13, 2 BvE 13/13, Rn. 161 – BVerfGE 142, 123 (207) – OMT-Beschluss.

fenen Frage, dass es insgesamt kaum den Aufgaben und Möglichkeiten nationaler verfassungsgerichtlicher Rechtsprechung entsprechen kann, einen Kompetenzkontrollausfall auf europäischer Ebene zu kompensieren.

VI. Nationale Parlamente im unionalen Rechtsdialog

Auf der Suche nach einer effektiven und systemgerechten nationalen Kompetenzkontrolle sollte nach der Europäischen Kommission, dem Gerichtshof der Europäischen Union und der nationalen Verfassungsgerichtsbarkeit als Viertes schließlich die politische Kompetenzkontrolle der nationalen Parlamente in den Blick genommen werden.

Während nämlich die Europäische Kommission als „Hüterin der Verträge" gilt, kommt den Mitgliedstaaten die Rolle der „Herren der Verträge" zu.[47] Wenn die Mitgliedstaaten die Schöpfer einer supranationalen Rechtsordnung sind, der sie Hoheitsrechte übertragen und sich damit dieser zugleich unterworfen haben, so ist es die wesentliche Aufgabe der Mitgliedstaaten, über die Einhaltung der vertraglichen Kompetenzgrenzen – insbesondere betreffend die übertragenen Hoheitsrechte – zu wachen. Dies ist der Kern der vom Bundesverfassungsgericht so bezeichneten Integrationsverantwortung.[48]

Innerhalb der Mitgliedstaaten obliegt diese Aufgabe zuvörderst den nationalen Parlamenten. In der Bundesrepublik Deutschland ist daher der Deutsche Bundestag dazu aufgerufen, seine Mitwirkungsrechte zu nutzen. Zu diesen Mitwirkungsrechten gehört – neben den Unterrichtungsrechten in Angelegenheiten der Europäischen Union, dem Recht zur Stellungnahme in Angelegenheiten der Europäischen Union nach Art. 23 Abs. 2 und 3 GG, der Beteiligung des Bundestages beispielsweise bei Änderungen der vertraglichen Grundlagen der Europäischen Union, die nicht dem üblichen Ratifikationsverfahren unterliegen (Integrationsverantwortungsgesetz) und den Mitwirkungsrechten im Rahmen von Finanzhilfen seit dem Europäischen Finanzstabilisierungsmechanismus und dem Europäischen Stabilitätsmechanismus – insbesondere auch das Instrument der Subsidiaritäts-

47 BVerfG, Urt. v. 12.10.1993 – 2 BvR 2134/92, 2 BvR 2159/92, Rn. 112, 135 – BVerfGE 89, 155 (184 f., 194) – Maastricht-Urteil; unter Hinweis auf BVerfG, Beschl. v. 8.4.1987 – 2 BvR 687/85, Rn. 58 – BVerfGE 75, 223 (242) – Kloppenburg-Beschluss.

48 BVerfG, Urt. v. 12.10.1993 – 2 BvR 2134/92, 2 BvR 2159/92, Rn. 92, 94, 100, 163 – BVerfGE 89, 155 (182 ff., 212) – Maastricht-Urteil; BVerfG, Urt. v. 30.6.2009 – 2 BvE 2/08, 2 BvE 5/08, 2 BvR 1010/08, 2 BvR 1022/08, 2 BvR 1259/08, 2 BvR 182/09, Rn. 236 ff. – BVerfGE 123, 267 (351 ff.) – Lissabon.

rüge.[49] Allerdings müssen wir bei ehrlicher Betrachtung feststellen, dass sich die hoch gesteckten Erwartungen, die darin gesetzt worden sind, seit dem Vertrag von Lissabon aus dem Jahr 2007[50] in der politischen Praxis aus verschiedenen Gründen nicht erfüllt haben.

Das Fehlen eines Akteurs, der in der Lage und willens ist, eine effektive Kompetenzkontrolle vorzunehmen, ist einerseits im Ergebnis unbefriedigend. Im Verhältnis von Europäischer Union und ihren Mitgliedstaaten gibt es keinen neutralen Dritten, der die jeweiligen Kompetenzbereiche voneinander wirksam abgrenzt, ohne dabei dem Verdacht ausgesetzt zu sein, diese Abgrenzung zugunsten eigener Interessen vorzunehmen. Andererseits bietet diese Lücke für die Mitgliedstaaten die Chance, sich über ihre Vorstellungen von der Zukunft der Europäischen Union und der europäischen Integration Klarheit zu verschaffen und untereinander sowie im Verhältnis zur Europäischen Union selbst im Dialog darüber zu bleiben. Nur wenn nationale Parlamente im Verbund mit den mitgliedstaatlichen Regierungen ihre Integrationsverantwortung wahrnehmen – oder anders ausgedrückt: ernster nehmen –, bleiben die Mitgliedstaaten die „Herren der Verträge" und üben die Oberaufsicht über die Rechtsordnung aus, die die Europäische Kommission hüten soll. Diese Aufsichtsfunktion ist ein Auftrag, der sich organschaftlich sowohl an die nationalen Parlamente als auch an die nationalen Regierungen richtet und der im „Europäischen Rechtsraum" nur in grenzüberschreitender Kooperation zwischen den Mitgliedstaaten wahrgenommen werden kann.

VII. Nationale Selbstbeschränkung im Rechtsraum der Europäischen Union

Zum Abschluss gilt es allerdings dem Eindruck entgegenzutreten, als sei das dominierende oder gar einzige Problem des „Europäischen Rechtsraumes", die kompetenzielle Expansion der Europäischen Union.

Ein zunehmendes Hindernis der europäischen Integration ist vielmehr die Auslegung und vor allem die Gestaltung von europäischem Recht durch

49 Vgl. Mitwirkungsrechte des Deutschen Bundestages, https://www.bundestag.de/europa_internationales/eu/mitwirkungsrechte <8.10.2020>; respektive: Protokoll (Nr. 2) des Vertrags von Lissabon über die Anwendung der Grundsätze der Subsidiarität und der Verhältnismäßigkeit, ABl. Nr. C 306 v. 17.12.2007, 0150–0152.

50 Vertrag von Lissabon zur Änderung des Vertrags über die Europäische Union und des Vertrags zur Gründung der Europäischen Gemeinschaft v. 13.12.2007, ABl. Nr. C 306 v. 17.12.2007, 0001–0271.

nationale Staatsorgane. Der Raum der Freiheit, der Sicherheit und des Rechts lebt von der gleichmäßigen und lückenlosen Geltung des europäischen Rechts in der gesamten Europäischen Union. Dieser Grundgedanke wird aber nicht zuletzt von deutschen Politikern und deutschen Gerichten infrage gestellt. Vor allem wird der Gedanke dann nicht mehr akzeptiert, wenn in grundrechtlichen Kontexten deutsche Rechts- und Sozialstandards zum übergeordneten Entscheidungs- oder Rechtsgestaltungsmaßstab erhoben werden.

Dies wird wiederum im Migrations- und Flüchtlingsrecht besonders augenfällig. So untersagten Gerichte bis vor wenigen Jahren die Rücküberstellung eines Asylsuchenden in den für ihn nach dem europäischen Dublin-System eigentlich zuständigen Mitgliedstaat, weil die dortigen Unterbringungs- und Versorgungsstandards den deutschen Vorstellungen nicht entsprechen.[51] Diese Rechtsprechungslinie hat sich allerdings auch und gerade durch die höchstrichterliche Rechtsprechung des Bundesverwaltungsgerichts in den letzten Jahren und bis heute sowie durch die Nichtannahme zur Entscheidung der gegen diese Entscheidungen erhobenen Verfassungsbeschwerden durch das Bundesverfassungsgericht gewandelt.[52] Im gleichen Geiste wie die frühere Judikatur werden aber gerade von nationalen Verhandlungsführern in der Europäischen Union großzügige Ausnahmen und Rechtsschutzmöglichkeiten für Überstellungen in eben diesem Dublin-Verfahren erwartet und gefordert, weil offenbar der asylverfahrensrechtliche Zuständigkeitswechsel von dem einen in einen anderen Mitgliedstaat der Europäischen Union als besondere Beschwernis angesehen wird.

Dabei mögen sich für alle diese Positionen rechtsdogmatische und rechtspolitische Argumente finden lassen und die entsprechenden Judikate sind gewiss nicht allesamt falsch entschieden worden, allerdings können diese Entwicklungen aus einer kritischen rechtspolitischen Perspektive nur als Ausdruck eines im Kern europakritischen oder gar anti-europäischen Denkens betrachtet werden. In letzter Konsequenz stellt dieses Denken das Konzept des gemeinsamen Raumes der Freiheit, der Sicherheit und des Rechts infrage – oder doch zumindest die deutsche Mitgliedschaft in die-

51 VG München, Beschl. v. 1.8.2016 – M 24 S 16.50487; Niedersächsisches OVG, Urt. v. 15.11.2016 – 8 LB 92/15; VG Berlin, v. 15.1.2015 – 23 L 899/14 A.

52 BVerwG, Beschl. v. 20.9.2018 – 1 B 69/18, 1 PKH 58/18; BVerfG, Beschl. v. 20.11.2018 – 2 BvR 2419/18; BVerwG, Beschl. v. 20.9.2018 – 1 B 67/18, 1 PKH 57/18; BVerfG, Beschl. v. 20.11.2018 – 2 BvR 2326/18; BVerwG, Beschl. v. 20.9.2018 – 1 B 66/18, 1 PKH 54/18; BVerfG, Beschl. v. 20.11.2018 – 2 BvR 2363/18; BVerwG, Beschl. v. 20.9.2018 – 1 B 64/18, 1 PKH 51/18; VG Lüneburg, Teilurt. v. 13.3.2019 – 8 B 51/19; VG München, Beschl. v. 18.1.2019 – M 9 S 17.51617; VG Berlin, Urt. v. 25.1.2016 – 34 K 162.15 A; VG Berlin, Urt. v. 25.1.2016 – 34 K 181.15 A, Rn. 38 f. (juris); VG Düsseldorf, Beschl. v. 11.5.2015 – 22 L 1329/15.A.

sem Raum. Die Europäische Union hört nämlich auf, eine Rechtsgemeinschaft zu sein, wenn wir auch die europäisch geregelten Lebenssachverhalte nur durch die Brille eines spezifisch nationalen Grundrechteverständnisses betrachten und an diese menschenrechtlich überhöhte Standards anlegen. Auch ein solches grundrechtliches Überlegenheitsgefühl kann die Europäische Union als Rechtsraum und Rechtsgemeinschaft zerstören. So ist aus einer deutschen Perspektive vor allem der Verfall in einen Grundrechtschauvinismus als eine Gefahr am europäischen Verfassungshorizont auszumachen, die der Förderung eines gemeinsamen Rechtsraumes in der Europäischen Union entgegenzustehen vermag. Letztlich verdient ein wirklich „Europäischer Rechtsraum“ diesen Namen erst dann und nur dann, wenn die Überstellung eines Asylbewerbers zuständigkeitshalber von Deutschland nach Italien in materiell-rechtlicher Hinsicht eben nicht anders beurteilt wird, als eine solche zwischen München und Mönchengladbach oder zwischen Karlsruhe und Berlin.

VIII. Perspektiven

In diesem Sinne beantwortet sich resümierend die Frage nach den Perspektiven des „Europäischen Rechtsraumes“ wie folgt:

Meine Vision einer Europäischen Union zeichnet sich auf der einen Seite dadurch aus, dass sich die Europäische Union auf das Prinzip der begrenzten Einzelermächtigung besinnt und sich die europäischen Organe einer kompetenziellen Selbstbeschränkung befleißigen. Auf der anderen Seite soll die Europäische Union eine Union sein, in der die Mitgliedstaaten das Vorrangprinzip des Rechts der Europäischen Union wieder so ernst nehmen, dass Politiker wie Gerichte darauf verzichten, eigene – nationale – Rechtsstandards über das europäische Recht zu stellen.

Damit verbunden ist die begründete Hoffnung, dass der gegenwärtige prekäre Zustand der Europäischen Union alle Beteiligten am europäischen Projekt wachrüttelt: Nur durch eine wechselseitige Selbstbeschränkung erhalten wir die dringend benötigte politische wie gesellschaftliche Akzeptanz für die erfolgreichste Friedensordnung, die dieser Kontinent jemals genossen hat. Dazu muss uns bewusst sein, dass wir diese Ordnung gefährden, wenn wir nur so weitermachen wie bisher. Ausgehend von einer optimistischen Grundhaltung, die ich nach meinem Verständnis mit Peter Michael Huber teile, steht zum Schluss aber meine Überzeugung, dass der europäische Raum der Freiheit, der Sicherheit und des Rechts zwar noch nicht ist, aber unaufhaltsam wird.

Der Europäische Rechtsraum und die Digitalisierung – Herausforderungen und Perspektiven[1]

Winfried Bausback

Inhaltsverzeichnis

I. Einleitung

Der Jubilar, *Prof. Dr. Peter Huber*, hatte 2018 in einem Interview gemahnt, dass die Rechtsgemeinschaft der Europäischen Union aufgrund eines Übermaßes an wenig miteinander abgestimmten und kaum zu ändernden Rechts vor einem Herzinfarkt stehe.[2] Sein Appell war es aber trotzdem, dass die vernünftige und richtige Idee der Europäischen Union nicht an der Wirklichkeit scheitern dürfe.

1 Zuletzt aktualisiert am 6.9.2019; in deutlich verkürzter und veränderter Form sind Teile des Beitrags unter dem Titel „Rechtsstaat versus Digitalkonzerne – eine Kernaufgabe Europas“ in der FAZ, Nr. 74 2019 vom 28.3.2019, S. 7, erschienen.

2 Aus einem Interview in der Hessischen Niedersächsischen Allgemeinen v. 11.06.2018 am Rande des „Imshäuser Gesprächs“: https://www.hna.de/lokales/rotenburg-bebra/bebra-ort46578/verfassungsrichter-peter-huber-in-imshausen-eu-steht-vor-herzinfarkt-9940315.html <06.09.19>.

II. Die Erosion der europäischen Idee – Ursache und Wirkung

Die Gefahr der Erosion der europäischen Idee ist tatsächlich unverkennbar. Dies zeigt sich etwa daran, dass Europa oft nicht mehr als großartige Errungenschaft wahrgenommen wird, sondern dass stattdessen zuletzt Kräfte in das Europäische Parlament drängen, die nichts anderes als die Abschaffung dessen beabsichtigen, was Europa einmal sein sollte – eine Wirtschafts- *und* Wertegemeinschaft. Dass ein solcher europäisch-destruktiver Prozess immer mehr Raum greift, darf jedoch nicht mit der Ursache für die Schwächung der Akzeptanz in die europäische Idee verwechselt werden. AfD, Pegida und Co. sind allenfalls gesellschaftliche Folgeerkrankungen – vor allem aber sind sie das Produkt einer Vertrauenskrise, deren eigentliche Ursache deutlich tiefer liegt. Dann nämlich, wenn eine europäische Gemeinschaft, die sich ausdrücklich als „Rechtsgemeinschaft" versteht und auch verstehen muss, mehr und mehr die Fähigkeit verliert, Recht effektiv anzuwenden und durchzusetzen, bietet sie eine durchaus berechtigte Angriffsfläche für Zweifler an der europäischen Idee. Denn wie soll eine Rechtsgemeinschaft eine handlungsleitende Bindekraft des Rechts in die Gesellschaft hinein erzeugen, wenn es in ihr selbst immer mehr zum Verlust der Bindekraft des Rechts kommt?[3] Wie soll eine europäische Gemeinschaft eine Wertegemeinschaft sein, wenn es nicht einmal möglich ist, fundamentale verfassungsrechtliche Werte wie die der Rechtsstaatlichkeit mittels klarer Regeln und Verfahren zu schützen? Beispielhaft seien hier die rechtsstaatlichen Zersetzungsprozesse in Polen und Ungarn genannt. Auch das unerträglich zähe Ringen um den Brexit mag den Prozess der Entfremdung von Europa befördert haben, da auch hier – wenngleich mit ganz anderer Stoßrichtung – die Handlungsfähigkeit der Europäischen Union nicht im besten Licht erstrahlt.

Es wäre aber insgesamt viel zu einfach, mit dem Zeigefinger auf Polen oder Ungarn zu zeigen. Ebenso, wenn man die Verantwortung für eine europäische Vertrauenskrise zuvorderst an den Turbulenzen im britischen Unterhaus festmachen wollte.

Eine Errungenschaft wie die der europäischen Idee ist stets nur so groß, wie ihr wahrnehmbarer Nutzen für die Gesellschaft ist. Und die Akzeptanz Europas entscheidet sich – zugespitzt formuliert – weder bei den großen geopolitischen Fragestellungen wie dem Brexit noch bei besonders kleinteiligen Regelungen zu Verboten von Bleigießen, Trinkhalmen oder Wattestäbchen, sondern sie entscheidet sich bei dem Umgang mit den wirklich

3 Ähnlich: *Voßkuhle*, NJW 2018, 3154.

großen und gesellschaftsrelevanten Aufgaben und Herausforderungen. Aber auch auf diesen Feldern ist Vertrauen in die Kraft Europas ebenso entscheidend von der Fähigkeit zur Durchsetzung des Rechts abhängig.

III. Die Digitalisierung als europäische Herausforderung des 21. Jahrhunderts

Eine dieser Herausforderungen ist die Bewältigung der Auswirkungen und Auswüchse der Digitalisierung.

Die Digitalisierung dominiert zweifellos die postmoderne Welt – sie hat Einfluss auf das Verhalten, das Denken und die Psyche der Menschen.[4] Auf der einen Seite werden von vielen dabei erwartungsfroh sich abzeichnende neue Möglichkeiten gefeiert. Nicht selten aber geht mit der Betrachtung der Digitalisierung eine besonders pessimistische Sicht der Dinge einher – oftmals eingebettet in eine vor allem kulturell-verhaltenspsychologisch ausgerichtete Diskussion.[5] Die politische und rechtliche Dimension der Digitalisierung ist erst in den letzten Jahren verstärkt in den Fokus geraten. Die Komplexität der Abläufe und die Gefahr des Datenmissbrauchs waren nach und nach der Wellenbrecher für diejenigen, die euphorisch auf der Digitalisierungswelle schwammen.

1. Digitalisierung: Virtuelle Fortsetzung des europäischen Einigungsprozesses

Eine gewisse Euphorie für die Digitalisierung ist zunächst auch alles andere als unberechtigt: Die Digitalisierung kann eine ungemein verbindende Wirkung haben. Als die Europäer die Errungenschaft eines geeinten und grenzbaumfreien Europas feierten, war ihnen noch gar nicht bewusst, dass es die rasant fortschreitende Digitalisierung sein würde, die viele weitere Grenzen einreißt: Über soziale Medien kann man länderübergreifend kommunizieren, Online-Einkaufsdienste machen den Einkauf in anderen Ländern vom heimischen PC aus möglich. Und die Digitalisierung bringt viele Lösungen für alte Probleme, zum Beispiel die medizinischen Möglichkeiten, die hier-

4 Die amerikanische Psychologin *Patricia Wallace* analysierte bereits vor 20 Jahren in ihrem Buch „The Psychology of the Internet" instruktiv den Wandel der Lebensverhältnisse durch die „Explosion des Internets".

5 Etwa *Carr*, The Shallows: What the Internet is Doing to Our Brains, 2011, oder das deutsche Pendant dazu: *Spitzer*, Digitale Demenz: Wie wir unsere Kinder um den Verstand bringen, 2012.

durch für ländlichere Regionen entstehen. Die Digitalisierung ist daher für unsere europäische Gesellschaft in so vielen Lebensbereichen, auch für ein geeintes Europa, unverzichtbar und macht uns zu dem, was wir heute sind: eine moderne Informationsgesellschaft.

2. Digitalisierung und ihre Schattenseiten – die Macht der Algorithmen und die Ohnmacht vor den digitalen Großkonzernen

Zugleich kann die Digitalisierung aber auch eine existentielle Gefahr für eben diese moderne Informationsgesellschaft sein.

Betrachtet man nämlich alleine den Jahreszyklus seit März 2018, so sind es schlicht zu viele Einschläge in die Magengrube der Datenintegrität gewesen: Im März 2018 wurde aufgedeckt, dass sich die inzwischen insolvente „Cambridge Analytica" über eine vermeintlich wissenschaftliche App unrechtmäßig persönliche Daten von zig Millionen Facebook-Nutzern beschafft hatte, um im US-Wahlkampf Wähler mit zielgerichteten Botschaften zu manipulieren.[6] Im September 2018 konnten aufgrund einer Sicherheitslücke zwischen 30 und 50 Millionen Facebook-Profile gehackt werden.[7] Anfang dieses Jahres war es dann einem Einzeltäter gelungen, hunderte teils intime Datensätze von Politikern, Künstlern und Influencern zu entschlüsseln, obwohl der Angreifer nicht einmal ganz dem Jugendalter entwachsen war.[8] Und wenn im März 2019 in Neuseeland ein Terrorist bei seiner entsetzlichen Tat Facebooks Live-Streaming-Dienst dazu missbraucht, seinem Massenmord eine ungeahnt furchtbare Wirkmächtigkeit zu geben, so ist dies zwar immer noch die Verantwortung eines abscheulichen Einzeltäters. Zugleich zeigt aber sowohl die Möglichkeit zur Veröffentlichung eines solchen Live-Streams als auch die scheinbar kaum eingrenzbare Verfügbarkeit des Videos, dass Sicherheitsmechanismen der Internetplattformen versagen.

Auch wenn die genannten Beispiele natürlich in keiner Weise in Art und Erheblichkeit miteinander verglichen werden können, so charakterisieren sie doch eines: Den in immer kürzeren Intervallen wiederkehrenden Kontrollverlust der Digitalkonzerne.

---

6 http://www.spiegel.de/netzwelt/netzpolitik/cambridge-analytica-das-steckt-hinter-der-datenanalyse-firma-a-1198962.html <11.12.2019>.

7 https://www.wiwo.de/unternehmen/dienstleister/facebook-hacker-stahlen-detail-informationen-aus-millionen-profilen/23182942.html <06.09.19>.

8 https://www.zeit.de/politik/deutschland/2019–01/hackerangriff-politiker-leak-daten-dokumente-twitter <06.09.19>.

Man muss jedenfalls ohne Umschweife feststellen: Die Digitalisierung insgesamt steckt in einer tiefgreifenden Vertrauenskrise. Das denkt auch die Mehrheit in Deutschland: Laut einer „Civey-Umfrage" aus dem Oktober 2018 haben gut 80 Prozent der Deutschen wenig bis gar kein Vertrauen in die Sicherheit ihrer eigenen Daten, wofür sie die digitalen Großkonzerne wie Google, Facebook, Amazon oder Apple verantwortlich machen.[9] Das große Volumen der von den Digitalkonzernen gespeicherten personenbezogenen Daten, ihr hoher kommerzieller Wert und das weitreichende Überwachungspotenzial der modernen Informationstechnik bedrohen die Privatsphäre der Bürger in der Tat in fundamentaler Weise. Der Bundesdatenschutzbeauftragte *Peter Schaar* hat in diesem Zusammenhang mal von der „soften Diktatur" gesprochen.[10] Individuelle gespeicherte Spuren im Netz entscheiden oftmals darüber, ob man einen Arbeitsplatz oder eine Wohnung bekommt. Dies öffnet potenziell Tür und Tor für Missbrauch. Hierzu ein weiteres Beispiel: 94 Prozent aller Deutschen suchen im Netz mittels der Suchmaschine Google.[11] Die Folge ist: Was Google aufgrund undurchschaubarer Algorithmen nicht oder schlecht listet, existiert im Netz faktisch nicht. Google ist damit der uneingeschränkte virtuelle Türsteher mit dem Potenzial zum Manipulator, da er nicht nur unser Wissen lenken kann, sondern auch noch weiß, was wir wissen wollen. Die amerikanische Mathematik-Professorin *Cathy O'Neil* warnt deshalb völlig zu Recht davor, dass Algorithmen „mathematische Massenvernichtungswaffen" sein können.[12]

Und die Daten-Vorherrschaft von Gigakonzernen birgt noch eine weitere Gefahr: Man stelle sich nur mal vor, alle unsere von Google gespeicherten Suchanfragen würden gehackt. Potenzielle Erpressbarkeit sowie die Gefährdung des sozialen Friedens könnten ernsthaft drohen.

3. Die Notwendigkeit der Rückkehr staatlicher Regelungsmacht

Nun beteuern Zuckerberg & Co. die Verbesserung der Verschlüsselung der Daten und vor allem die Verschärfung der eigenen Richtlinien – es klingt oft fast wie eine Gesetzgebung; mit einem gravierenden Unterschied zur staatlichen Gesetzgebung: sie ist nicht am Gemeinwohl ausgerichtet. Warum auch? Es handelt sich um Giga-Unternehmen mit Gewinnerzielungsabsicht und dem Willen zur Monopolstellung. Das Mittel hierzu sind fatalerweise

---

9 https://www.e-recht24.de/news/sonstige/11059-marktmacht-verbraucher-fordern-staerkere-regulierung-der-digitalkonzerne.html <06.09.19>.

10 Zitiert in: *Bode*, Die Diktatur der Konzerne, 2018.

11 https://de.statista.com/themen/651/google/<06.09.19>.

12 *O'Neil*, Weapons of Math Destruction, 2016.

unsere eigenen Daten. Hier ist Misstrauen nicht nur verständlich, sondern sogar geboten. Warum sollte man Konzernen vertrauen, die in großen Teilen für uns eine Blackbox sind und die zudem nach immer mehr Macht über unsere Daten streben, wie etwa die Fusion der Messenger-Dienste Facebook, WhatsApp und Instagram zeigt.[13] Es wäre fast so, als würde man Wirtschaftskartelle gewähren lassen, weil sie ja versichern, dass sie sich um ihre Wettbewerber sorgen würden.

a) Digitalkonzerne als Sollbruchstelle im Rechtsstaatsgefüge?

Die Digitalkonzerne wollen Sollbruchstelle im Gefüge des Rechtsstaats sein, indem sie am liebsten möglichst weitgehend ihre selbst auferlegten Regeln an die Stelle der regulativen Kraft staatlicher Gesetzgebung setzen. Auch wohl deshalb, weil sie genau auf diese Weise groß geworden sind. Das Internet und die Digitalisierung waren in ihrer Anfangszeit primär ein technisches, weniger ein politisches Phänomen. Die gesellschaftliche Relevanz der Digitalisierung entfaltete sich unter der Dominanz von Ingenieuren, Informatikern und Mathematikern. Techniker setzten die Normen – nicht Juristen oder Politiker.[14] So ist es zwar sicherlich zu begrüßen, dass etwa Facebook offenbar in dieser Tradition nach dem Recherche-Netzwerk „Correctiv“ im März 2019 auch die „dpa“ als zweiten deutschen Fakten-Checker mit ins Boot geholt hat, um selbst die gebotenen Gegenmaßnahmen gegen Fake-News und Hate-Speech zu setzen.[15] Dies entpflichtet die staatlichen Institutionen aber nicht von ihrem Auftrag, selbst die Rechte ihrer Bürgerinnen und Bürger zu schützen und die Rechtsdurchsetzung nicht in die Großzügigkeit der Digitalkonzerne zu stellen.

Nur zur Klarstellung sei in diesem Zusammenhang die Selbstverständlichkeit betont, dass etwa Facebook die genannten Gegenmaßnahmen nicht selbstlos ergreift. Es ist letztlich Teil einer Imagekampagne, um dem beschriebenen Vertrauensverlust aus unternehmerischer Sicht entgegenzuwirken. Wes Geistes Kind Facebook & Co. tatsächlich sind, zeigt bereits ihr Rückzug in europäische Steueroasen und ihr bislang erfolgreicher Widerstand gegen die Einführung einer EU-Digitalsteuer.

---

13 https://www.sueddeutsche.de/digital/facebook-whatsapp-instagram-zuckerberg-fusion-1.4306126 <06.09.19>.

14 *Boehme-Neßler*, NJW 2017, 3031 (3033).

15 https://www.welt.de/kultur/medien/article190492425/Deutsche-Presse-Agentur-dpa-hilft-Facebook-gegen-Fake-News.html <06.09.19>.

b) Digitaler Code versus demokratische Legitimation

Nicht zuletzt aus den gerade genannten Gründen ist es daher so elementar, dass der Staat das Recht im digitalen Raum wieder stärker selbst durchsetzt und unsere Datensicherheit mit aller Kraft zurückerobert. Bislang ist das in nicht ausreichendem Maße geschehen, was sich auch in der Meinung der Bevölkerung widerspiegelt. Das Vertrauen der Deutschen in die Digitalkompetenz der Bundesregierung ist demnach gering ausgeprägt. Wie eine repräsentative Umfrage des Vodafone Instituts für Gesellschaft und Kommunikation nämlich ergab, trauen 44 Prozent der Befragten der Regierung den Willen und 37 Prozent die Fähigkeiten zu, die Digitalisierung voranzubringen und zu steuern.[16]

Die Notwendigkeit von Recht hat dabei auch eine demokratische Dimension. Staatliches und supranationales Recht ist eine Ausprägung des Prinzips der Volkssouveränität. Bislang definieren aber weniger demokratische Gesetzgeber als die technischen Standards und die Software, was im Cyberspace möglich ist. Ingenieure und Programmierer werden so zu Rechtsetzern – zu den Entwicklern eines digitalen Codes.[17] Facebook mag sich dabei zwar auf die Zustimmung von Milliarden Nutzern berufen; jedenfalls in den repräsentativen Demokratien ist die staatliche Durchsetzung des Rechts aber wirklich demokratisch legitimiert und vor allem auch dahingehend kontrolliert, dass sich diese nicht an einem unternehmerischen Eigeninteresse, sondern an „Volkes Wille“ ausrichtet.

c) Europäische Regulierung der Digitalisierung als „Kampf ums Recht“ mit Augenmaß

Auch wenn die Notwendigkeit der Rechtsdurchsetzung im digitalen Raum ebenso für die Nationalstaaten gilt, kann und sollte dies noch stärker zu einer Kernaufgabe Europas werden. Denn die internationale und dezentrale Struktur des Cyberspaces einschließlich ihrer digitalen Großkonzerne ist zu komplex, um die Probleme alleine nationalstaatlich lösen zu können. Die Herausforderungen bei der Digitalisierung können daher eine Chance für Europa sein, als Motor bei der Wiederherstellung von Regelungskraft, Ordnung und Verantwortung zu wirken.

---

16 https://www.zeit.de/digital/2019-02/digitalisierung-bundesregierung-digitalkompetenz-vertrauen-umfragen <06.09.19>.

17 Dazu ebenfalls kritisch: *Boehme-Neßler*, NJW 2017, 3031.

Der große Rechtswissenschaftler *Rudolf von Jhering*, dessen Geburtstag sich 2018 zum 200. Mal gejährt hätte, hat in seinem Werk „Kampf ums Recht“[18] eine auch im hiesigen Zusammenhang sehr passende Deutung von dem gegeben, was das Recht – abgeleitet von den Insignien der Justitia – zu leisten hat. Er schreibt: „Das Schwert ohne die Wage [sic!] ist die nackte Gewalt, die Wage [sic!] ohne das Schwert die Ohnmacht des Rechts. Beide gehören zusammen [...].“[19] Entsprechend braucht es im Kampf für mehr Cybersicherheit und für eine besser kontrollierte Macht der Digitalkonzerne noch mehr Mut und Konsequenz. An dieser Stelle sei gleich nochmals auf ein Zitat von *Jhering* zurückgegriffen: „Alles Recht in der Welt ist erstritten worden [...] und jedes Recht, das Recht eines Volkes wie das eines Einzelnen, setzt die stetige Bereitschaft zu seiner Behauptung voraus.“[20]

Unabhängig davon bedarf es beim Kampf um das Recht auch des Augenmaßes, um die richtigen Adressaten zu erreichen. Zu nennen ist hier nur beispielhaft die Datenschutzgrundverordnung (DS-GVO), die in ihrer Stoßrichtung richtig, aber zu wenig auf die großen Player ausgerichtet war. Vereine und mittelständische Unternehmen wurden hier ohne Not verunsichert und belastet. Die DS-GVO gilt nämlich grundsätzlich für alle Verantwortlichen gleichermaßen. Dies ist dem „One-size-fits-all“-Ansatz der DS-GVO geschuldet. Privatpersonen, die eine Webseite betreiben, Einzelkaufleute, Kleinstunternehmen, kleine und mittelständische Unternehmen und Non-Profit-Organisationen, die nicht mit komplexen und teuren Managementsystemen arbeiten, können weit verstandene Nachweispflichten faktisch kaum erfüllen.[21] Auch im Hinblick auf Datenverarbeitungen durch natürliche Personen, die von ihrer Meinungs- oder Informationsfreiheit Gebrauch machen, ist die Verknüpfung der ohnehin zahlreichen Verarbeiterpflichten mit zusätzlichen Nachweispflichten problematisch.[22] Eine stärkere Ausdifferenzierung der Nachweispflichten nach verschiedenen Normadressaten wäre daher wünschenswert gewesen, so dass hier Nachbesserungsbedarf besteht.

---

18 *von Jhering*, Der Kampf um's Recht, 1872.

19 *von Jhering*, Der Kampf um's Recht, 1872, 9.

20 *von Jhering*, Der Kampf um's Recht, 1872, 8f.

21 *Veil*, ZD 2018, 9 (10).

22 *Veil*, ZD 2018, 9 (10).

4. Begrenzung der Regelungsmacht in concreto

Was kann Europa nun tun, um Regelungsmacht und Vertrauen im digitalen Raum zurückzugewinnen? Dass zuletzt die Einführung einer EU-Digitalsteuer von Europa versucht wurde durchzusetzen, wäre ein richtiger Schritt gewesen, um den bisherigen Verhaltensmustern der Großkonzerne entschlossen entgegenzutreten. Die Anwendung des geltenden Ertragssteuersystems führt bei den digitalen Unternehmen zu einem immer weiteren Auseinanderklaffen zwischen dem Ort der Wertschöpfung und der Besteuerung.[23] Durch die Einführung einer digitalen „Präsenz-Steuer" würde dies verhindert – es wäre eine Revolution im Steuerrecht[24] und ein deutliches Signal an die Digitalkonzerne, dass die „Spielregeln" des europäischen Raumes gelten.

Wenn Digitalsteuer nun am Ende krachend am Widerstand von Ländern wie Irland scheitert, weil dort den Großkonzernen Unterschlupf geboten wird, an dem beide Seiten verdienen, so ist dies für das angedeutete Vertrauen der Bürgerinnen und Bürger in die europäische und nationale Handlungsfähigkeit bei der Bekämpfung gesellschaftsrelevanter Probleme kontraproduktiv. Das europäische Prinzip der Einstimmigkeit wirkt hier weniger einheitsfördernd als spaltend.

Umso wichtiger wäre, dass die EU noch stärker an einem europäischen Ordnungsrahmen für Datenmärkte arbeitet. Hier bedarf es insbesondere klarer Perspektiven, die – die auch rechtlich geprägten – Funktionsbedingungen und Funktionsdefizite von Datenmärkten zum Ausgangspunkt nimmt.[25]

Neben kartell-, steuer- und ordnungsrechtlichen Aspekten im digitalen Raum sollte zudem stärker als bislang darüber nachgedacht werden, wie diejenigen, die etwa in den Digitalkonzernen fahrlässig mit unseren Daten umgehen, zivilrechtlich und auch strafrechtlich stärker zur Verantwortung gezogen werden können. Nur beispielhaft könnte dies sein, spürbarere Ordnungsgelder gegen die digitalen Großkonzerne leichter möglich zu machen, wenn diese bei Hackerangriffen nicht nachweisen können, dass sie technisch und organisatorisch Schutzmaßnahmen entsprechend dem Stand der Technik ergriffen haben. Eine Offenlegungspflicht wäre die Folge. Das würde dann auch ein Ende der „Blackbox-Politik" der Konzerne bedeuten.

---

23 *Bär*, Reform zur Besteuerung der digitalen Wirtschaft, Deutscher Anwaltsspiegel v. 18.4.2018, 6, https://www.deutscheranwaltspiegel.de/reform-zur-besteuerung-der-digitalen-wirtschaft/ <06.09.19>.

24 Vgl. hierzu ausführlich: *Brauneck*, EuZW 2018, 624.

25 Vgl. hierzu ausführlicher: *Peitz/Schweitzer*, NJW 2018, 275.

Zudem muss die Cyber-Sicherheitsarchitektur mit einem Schwerpunkt beim Thema Datensicherheit verbessert werden. Die in den Länderarbeitsgruppen derzeit zu erarbeitenden Vorschläge für eine „Digitale Agenda für das Strafrecht und das Strafprozessrecht" sind hier ein wichtiger Schritt. Es geht parallel dazu dann auch stets um die Schaffung der notwendigen technischen und personellen Ressourcen, um qualitativ wie quantitativ schlagkräftig agieren zu können. Die in Bayern gegründete Zentralstelle zur Bekämpfung von Cybercrime in Bamberg war ein solcher nationaler Schritt.[26] Hierbei wurde auch stets der Erfahrungsaustausch mit internationalen Partnern angestrebt. Stetiges Wachstum der Ressourcen und die möglichst gute internationale Verknüpfung sind Garant für eine effektive Strafverfolgung gerade in diesem Kriminalitätsfeld.

5. Ein Ausblick auf die Chancen der Digitalisierung im europäischen Rechtsrahmen – die Künstliche Intelligenz

Bei all der Kritik am jetzigen status quo sollen die Errungenschaften der Digitalisierung nicht generell in Frage gestellt werden. Ganz im Gegenteil: Der Ausgang des Kampfes gegen die Kriminalität und für mehr Datensicherheit im virtuellen Raum entscheidet über die Zukunftsfähigkeit der Digitalisierung insgesamt. Hier ist das Thema „Künstliche Intelligenz" von herausragender Bedeutung. Europa darf dabei nicht wiederholt ins Hintertreffen geraten und den Technikern die Rechtssetzung überlassen – schon gar nicht, wenn diese über das Silicon Valley nach Europa kommt. Mehr als schon bisher wird bei den besonderen Potenzialen der künstlichen Intelligenz gelten, den Rechtsrahmen sorgsam abzustecken. Denn künftig werden etwa autonom handelnde aber humanistisch trainierte Algorithmen zu beurteilen sein.[27] Die Frage nach Verantwortlichkeiten bei gleichzeitiger Förderung des Innovationsgeistes wird in Einklang zu bringen sein. Eines ist daher bereits jetzt auf der Hand liegend: Nur wenn es den Nationalstaaten und der EU durch konsequente Rechts(durch)setzung gelingt, das auch überwiegend begründete Misstrauen der Gesellschaft in die Macht von Digitalkonzernen und in die Cyber-Sicherheitsarchitektur auszuräumen; nur dann werden wir auch künftig innovative Errungenschaften der Digitalisierung, wie etwa den Ausbau der künstlichen Intelligenz, ausreichend zeitnah vorantreiben, nutzen und letzten Endes auch mit dem nötigen rechtlichen Instrumentarium beherrschen können.

26 https://www.justiz.bayern.de/presse-und-medien/pressemitteilungen/archiv/2018/99.php <06.09.19>.

27 Vgl. hierzu: *Herberger*, NJW 2018, 2825 (2829).

IV. Fazit

Festzustellen bleibt daher zusammenfassend: Das Vertrauen in die Digitalkonzerne ist verloren gegangen, hiervon drohen auch die großartigen Errungenschaften der Digitalisierung wie die Fortentwicklung der Künstlichen Intelligenz erfasst zu werden. Gelingt es aber Europa, das Recht auch und gerade gegen die großen Player durchzusetzen, dann werden die Menschen nicht nur dem Fortschritt der Digitalisierung wieder mehr trauen, sondern auch einem dann nachweislich handlungsbereiten und -fähigen Europa wieder mehr zutrauen und vertrauen. Die Digitalisierung und der Umgang mit ihr ist daher für Europa und gerade die europäische Idee Herausforderung und Perspektive zugleich.

Der Europäische Rechtsraum – Grundlagen, Begriff, Reichweite

Peter M. Huber

Inhaltsverzeichnis

I. Die Rechtsordnung Europas zwischen Kohärenz und Fragmentierung

1. Die differenzierte Integration

Wohl bereits mit dem Vertrag von Maastricht (1992/93), spätestens aber mit dem Scheitern des Vertrages über eine Verfassung für Europa in den Referenden in Frankreich und den Niederlanden[1] haben frühere, an bundesstaatlichen Vorbildern orientierte Deutungsversuche der Europäischen Union[2] und ihrer Rechtsordnung als ein allen Unionsbürgerinnen und -bürgern gemeinsamer Bestand an Institutionen, Rechten und Pflichten mehr und mehr an Plausibilität verloren.

Zwar gründet die Europäische Union auf den Verträgen über die Europäische Union (EUV), ihre Arbeitsweise (AEUV) und dem Vertrag über die

---

1 *Huber*, in: von Bogdandy/Cruz Villalón/Huber (Hrsg.), IPE II, 2008, § 26 Rn. 24 ff.

2 Grundlegend *Hallstein*, Der unvollendete Bundesstaat, 1969; *Haltern*, Europarecht und das Politische, 2005, 294.

Europäische Atomgemeinschaft (EAGV), die grundsätzlich in allen Mitgliedstaaten gelten. Insofern ist der gemeinschaftliche Besitzstand (*acquis communautaire*) in rechtlicher Hinsicht durchaus so etwas wie der harte Kern des Staaten- und Verfassungsverbundes der Europäischen Union.

Sieht man jedoch genauer hin, erkennt man freilich eine Fülle von – schon in den Verträgen vorgesehenen – Bereichen einer asymmetrischen Integration: Offensichtlichstes Beispiel ist die Währungsunion, bei der die Verträge zwischen Mitgliedstaaten, deren Währung der Euro ist (Art. 136 ff. AEUV), und Übergangsregelungen für Mitgliedstaaten ohne Euro (Art. 139 ff. AEUV) unterscheiden. Das ist ein wenig schönfärberisch, weil etwa für Dänemark dauerhafte Ausnahmeregelungen gelten und sich Schweden seit Langem primärrechtswidrig, aber ohne Konsequenzen weigert, der Währungsunion beizutreten. Auch der Schengener Grenzkodex[3] gilt nicht für alle Mitgliedstaaten: während Kroatien, Rumänien, Bulgarien und Zypern einen Beitritt für die Zukunft anstreben, gilt das für Dänemark und Irland nicht.[4]

Eine solche Fragmentierung ist keineswegs ungewöhnlich, sondern ist, wie ein Blick auf das Institut der verstärkten Zusammenarbeit zeigt (Art. 20 EUV in Verbindung mit Art. 326 ff. AEUV), jedenfalls für die weitere Vertiefung des gemeinschaftlichen Besitzstandes nicht nur primärrechtlich vorgesehen, sondern geradezu gewünscht.[5] Das dürfte – argumentum a maiore ad minus aus Art. 50 EUV – auch für den Rückbau des *acquis* gelten. Insoweit gehört es gewissermaßen zur DNA der Europäischen Union, dass neun Mitgliedstaaten (Art. 20 Abs. 2 Satz 2 EUV) das Integrationsprogramm für sich auch dann bereichsspezifisch weiterentwickeln (oder aufrechterhalten) können, wenn die für sekundärrechtliche Rechtsetzung erforderlichen Anforderungen oder Mehrheiten nicht erreicht werden können. So hat man sich etwa darauf verständigt, auch ohne Spanien (und zunächst Italien) ein Einheitliches Patentgericht zu errichten und das – noch nicht in Kraft getretene – Patentpaket im Wege der verstärkten Zusammenarbeit be-

3 Verordnung (EU) 2016/399 des Europäischen Parlaments und des Rates v. 9.3.2016 über einen Gemeinschaftskodex für das Überschreiten der Grenzen durch Personen (Schengener Grenzkodex), ABl. EU L 77/1 v. 23.3.2016.

4 *Nergelius*, in: von Bogdandy/Cruz Villalón/Huber (Hrsg.), IPE II, 2008, § 22 Rn. 46 ff.

5 *Weickert*, Die „verstärkte Zusammenarbeit“ als Institut des Unionsrechts, 2007.

schlossen.[6] Andere Anwendungsfälle sind das Scheidungsrecht und möglicherweise auch eine Finanztransaktionssteuer.[7]

Die Entwicklung der europäischen Rechtsordnung ist zudem dadurch gekennzeichnet, dass auch Drittstaaten an Teilen der europäischen Integration mitwirken. So findet etwa der Schengener Grenzkodex auch auf Island, Liechtenstein, Norwegen und die Schweiz Anwendung. Der Europäische Wirtschaftsraum (EWR) ist hier zu nennen, über den seine Mitglieder am Binnenmarkt teilhaben, sowie die Verknüpfung der Schweiz über die sog. Bilateralen I und II.[8]

2. Institutionelle Formen der Kooperation

Die differenzierten Formen der Integration haben teilweise auch eine institutionelle und funktionale Dimension, teilweise wird diese aus Furcht vor einer nicht mehr zu bewältigenden Komplexität auch ignoriert. So werden die Abstimmungs- und Finanzierungsregeln etwa für die verstärkte Zusammenarbeit ebenso angepasst (Art. 20 Abs. 3 UAbs. 1 EUV, Art. 332 f. AEUV) wie im Bereich der Währungsunion, wo die Verträge Regelungen darüber enthalten, dass Mitgliedstaaten, die den Euro nicht als Währung eingeführt haben, an den einschlägigen Beschlussfassungen auch nicht beteiligt werden (Art. 139 ff., Art. 282, Art. 283 in Verbindung mit Art. 141 AEUV). Im Übrigen aber werden die in Art. 13 EUV aufgeführten Organe der Europäischen Union ohne weitere Modifikation tätig und finanziert. So entscheidet etwa der Gerichtshof über Klagen gegen die Europäische Zentralbank ohne Rücksicht auf die Herkunft seiner Mitglieder. Bezeichnenderweise war in beiden Vorlageverfahren des Bundesverfassungsgerichts zur EZB[9] der dänische Richter *Bay Larsen* Berichterstatter, obwohl Dänemark nicht Mitglied der Währungsunion ist.[10] Man muss kein „Demokratiefetischist“ sein, um

6 Verordnung (EU) Nr. 1257/2012 des Europäischen Parlaments und des Rates v. 17.12.2012 über die Umsetzung der Verstärkten Zusammenarbeit im Bereich der Schaffung eines einheitlichen Patentschutzes (VO 1257/12), ABl. EU L 361 v. 31.12.2012, 1 und ABl. EU L 307 v. 28.10.2014, 83; Verordnung (EU) Nr. 1260/2012 des Rates v. 17.12.2012 über die Umsetzung der Verstärkten Zusammenarbeit im Bereich der Schaffung eines einheitlichen Patentschutzes im Hinblick auf die anzuwendenden Übersetzungsregelungen (VO 1260/12), ABl. EU L 361 v. 31.12.2012, 89.

7 Dabei handelte es sich um die Teilharmonisierung einer nationalen Steuer, nicht um die Zuweisung eines Steuererhebungsrechts an die Europäische Union, vgl. dazu BVerfGE 151, 202 (366 f. Rn. 300) – Europäische Bankenunion.

8 Vgl. dazu *Keller*, in: von Bogdandy/Cruz Villalón/Huber (Hrsg.), IPE II, § 23 Rn. 19 ff.

9 BVerfGE 134, 366 – OMT-Vorlage; 146, 216 – PSPP-Vorlage.

10 EuGH, Urt. v. 16.6.2015 – Rs. C-62/14 – ECLI:EU:C:2015:400 – Gauweiler; Urt. v. 11.12.2018 – Rs. C-493/17 – ECLI:EU:C:2018:1000 – Weiss u. a.

darin ein Problem zu sehen. Nicht ganz unproblematisch erscheint es auch, wenn Organe der Europäischen Union über Rechtsakte entscheiden, die auch für den Europäischen Wirtschaftsraum von Bedeutung sind, auch wenn die EFTA-Staaten solche Rechtsakte formal selbständig rezipieren oder ablehnen können.[11]

An der Europäischen Umweltagentur, d. h. einer Einrichtung der Europäischen Union, und anderen Agenturen nehmen schließlich auch Drittstaaten wie Island, Liechtenstein, Norwegen und die Schweiz teil. Diese greifen damit über den räumlichen Geltungsbereich der Verträge hinaus.

3. Materielle Kohärenz

Es ergibt sich somit der Befund, dass nicht nur der gemeinschaftliche Besitzstand an Regeln in der Europäischen Union immer stärker ausdifferenziert wird, sondern dass es in räumlicher Nähe zur Europäischen Union eine Reihe von Staaten gibt, deren Rechtsordnung eine über die normalen völkerrechtlichen Bindungen hinausgehende Verflechtung mit dem Integrationsprogramm der Europäischen Union aufweist, sei es dass sie am EWR teilhaben, sei es dass sie – wie die Schweiz – durch besondere Verträge wie die sog. Bilateralen I und II[12] mit der Europäischen Union verknüpft sind. All diese Staaten sind zudem Mitglieder im Europarat und an die Europäische Menschenrechtskonvention und die sie konkretisierende Rechtsprechung des Europäischen Gerichtshofes für Menschenrechte gebunden. Diese stellen nicht nur ein gemeinsames Rückgrat für die Organisation von Herrschaft in den Vertragsstaaten dar, sondern gewährleisten auch einen grundrechtlichen (Mindest-)Standard, der ausweislich der Art. 6 Abs. 2 und 3 EUV, Art. 52 Abs. 3, Art. 53 GRCh dem in der Europäischen Union weitgehend entsprechen dürfte.

II. Begriff des Europäischen Rechtsraums

Blickt man also auf die europäische Rechtsordnung unserer Tage, so fühlt man sich vielleicht noch nicht an den Flickenteppich erinnert, den das Heilige Römische Reich Deutscher Nation im 17. und 18. Jahrhundert darstell-

11 Bei einem Rechtsakt der EU prüfen die drei EFTA-Staaten, ob der Rechtsakt für den EWR relevant ist. Wenn sie zu dem Schluss kommen, dass dies der Fall ist, arbeitet das EFTA-Sekretariat den Entwurf für einen Beschluss des Gemeinsamen Ausschusses aus, um das EWR-Abkommen entsprechend abzuändern.

12 Vgl. dazu *Keller*, in: von Bogdandy/Cruz Villalón/Huber (Hrsg.), IPE II, § 23 Rn. 19 ff.

te. Von den nationalstaatlichen Vergleichsmustern kompakter Bundesstaaten, wie sie sich in Deutschland, Österreich, Belgien, den USA oder Kanada finden, entfernt sie sich jedoch zunehmend.

Es ist daher wohl auch kein Zufall, dass es im Schrifttum neuerdings Versuche gibt, den Begriff des „Imperiums" für die angemessene Erfassung der Europäischen Union und des von ihr dominierten Raumes fruchtbar zu machen.[13] Da der Begriff, mit *Hegel* gesprochen, die Wahrheit der Substanz ist,[14] erscheint es jedoch (noch) etwas verstiegen, die Europäische Union als „Imperium" zu qualifizieren, da ihr dessen Insignien – allen voran die militärische Macht – bis auf Weiteres fehlen.

Hält man sich jedoch vor Augen, dass die Europäische Union selbst kein monolithischer Block ist, sondern durch vielfältige Formen verstärkter Zusammenarbeit unter ihren Mitgliedern geprägt ist, und dass auch Drittstaaten an ihrem Integrationsprogramm teilhaben, so spricht manches dafür, unter den Begriff des Europäischen Rechtsraumes alle Staaten zu fassen, die jedenfalls an einzelnen Politiken und/oder Institutionen des in den europäischen Verträgen geregelten Integrationsprogramms beteiligt sind – sei es über den EWR wie Island, Liechtenstein und Norwegen, sei es über besondere Integrationsverträge wie die Schweiz. Auch wenn seine genaue räumliche Konfiguration umstritten ist, weil sie – wie die mit dem Brexit verbundenen Folgefragen zeigen – flexibel sein und auf Änderungen reagieren können muss, so belegen die differenzierte Integration in und im Zusammenhang mit der Europäischen Union, die heterogenen Formen der Kooperation mit ihren Organen, Einrichtungen und sonstigen Stellen sowie deren materiell-rechtliche Grundierung doch, dass er über die Europäische Union hinausreicht. Nur dann erhält der Begriff des Europäischen Rechtsraumes nämlich einen spezifischen Gehalt.

III. Der Verfassungsgerichtsverbund als wichtigster Akteur des Europäischen Rechtsraums

1. Der Verfassungsgerichtsverbund in der Europäischen Union

Die Rechtsordnung des Europäischen Rechtsraumes ist eine wechselseitige Auffangordnung,[15] in der sich vor allem unionales und nationales (Verfas-

13 *Junge*, Imperium, 2018.

14 *Hegel*, Wissenschaft der Logik, Zweiter Teil, Vorbericht. Werke, Bd. 6, 1979, 245 ff.

15 *Huber*, VVDStRL 60 (2001), 194 (227); *ders.*, Verfassungsstaat und Finanzkrise, 2014, 10 ff.

sungs-)Recht gegenseitig beeinflussen und ergänzen.[16] Jenseits des institutionellen Gefüges der Europäischen Union im engeren Sinne ist der Verfassungsgerichtsverbund dabei der wichtigste institutionelle Anker des Verfassungsverbundes und der einzige „Akteur" im weiteren Sinne.

Der Verfassungsgerichtsverbund ist kein hierarchisches System, in dem EuGH oder EGMR den nationalen Verfassungs- oder Höchstgerichten übergeordnet wären, ebenso wenig wie EuGH und EGMR den Verfassungs- und Höchstgerichten der Mitgliedstaaten „nachgeordnete" Fachgerichte für bestimmte Fragen der Integration sind. Alle Beteiligten sind vielmehr flexible Glieder eines „Mobile",[17] in dem sich ihre spezifischen Rollen durchaus wandeln können. Sie trifft eine Verpflichtung zur Kooperation miteinander, die über die Einhaltung der gesetzlich oder vertraglich vorgeschriebenen Verfahren hinaus auch das ernsthafte Bemühen um einen angemessenen Ausgleich der jeweils artikulierten Belange erfordert. Am stärksten gilt dies naturgemäß für den EuGH und die Verfassungs- und Höchstgerichte der Mitgliedstaaten, deren Kooperation hier im Vordergrund stehen soll.

a) Durchsetzung des Unionsrechts als gemeinsame Aufgabe

Die „Wahrung des Rechts bei der Auslegung und Anwendung der Verträge" ist nach Art. 19 EUV nicht allein Aufgabe des EuGH. Art. 19 Abs. 1 UAbs. 2 EUV nimmt vielmehr auch die Mitgliedstaaten und ihre Gerichte in die Pflicht, damit ein wirksamer Rechtsschutz in den unionsrechtlich geregelten Bereichen gewährleistet werden kann. Der Vertrag kodifiziert damit nicht nur Vorgaben, die der EuGH im Laufe seiner Rechtsprechung entwickelt hat;[18] er bestätigt vor allem auch das Kooperationsverhältnis zwischen unionalen und nationalen Gerichten.[19]

16 Deutschland: BVerfGE 52, 197 (200) – Vielleicht; 73, 339 (367 f.) – Solange II; Frankreich: CC No. 92–308 DC v. 9.4.1992 = EuGRZ 1993, 187 (190) – Maastricht I: Die unionale Rechtsordnung sei eine eigene Rechtsordnung, „die, auch wenn sie in die nationalen Rechtsordnungen der Mitgliedstaaten eingebunden ist, doch nicht zum institutionellen Gefüge der französischen Republik gehört"; Italien: Corte costituzionale, Entsch. Nr. 170/1984, Giur.Cost. 1984, 1099 (1113); Entsch. Nr. 389/1989, RidDPC 1991, 1065 (1068): *„tra loro coordinati e communicati"*; Entsch. Nr. 24/2017 – Taricco I; Entsch. Nr. 115/2018 – Taricco II; *Huber*, in: von Bogdandy/Cruz Villalón/Huber (Hrsg.), IPE II, 2008, § 26 Rn. 29.

17 *Voßkuhle*, EuGRZ 2014, 165 (167), in Anlehnung an *Jaeger*, The Economist, Interview v. 26.3.2009; vgl. auch die Abschnittsüberschrift in: FS für Renate Jaeger, 2011, 63.

18 Vgl. EuGH, Urt. v. 25.7.2002 – Rs. C-50/00 P – ECLI:EU:C:2002:462, Rn. 41 – Unión de Pequeños Agricultores; *Schröder*, DÖV 2009, 61 (62); kritisch: *Thiele*, EuR 2010, 30 (42 f.).

19 *Huber*, VVDStRL 60 (2001), 194 (231); *Hatje/Kindt*, NJW 2008, 1761 (1767); *Terhechte*, EuR 2008, 143 (159); *Kotzur*, EuR-Beiheft 1/2012, 7 (20): „Verbundstruktur".

Soweit das Unionsrecht unmittelbare Geltung besitzt,[20] haben es die nationalen Gerichte auszulegen, anzuwenden und im Rahmen ihrer Zuständigkeit für seine praktische Wirksamkeit (*effet utile*) zu sorgen und werden insoweit als funktionale Unionsgerichte[21] tätig. Dies ergibt sich aus dem nationalen (Verfassungs-)Recht[22] ebenso wie aus dem Unionsrecht und wird durch das Gebot der loyalen Zusammenarbeit (Art. 4 Abs. 3 EUV) bekräftigt. Über Gültigkeits- und Auslegungsprobleme soll freilich letztverbindlich der EuGH befinden und durch das Vorabentscheidungsverfahren gemäß Art. 267 AEUV „die rechtmäßige Autorität des nationalen Richters mit der notwendigen Einheitlichkeit des [Unions-]rechts in Einklang" bringen.[23] Dieses besondere Kooperationsverhältnis zwischen unionalen und nationalen Gerichten[24] hat der EuGH wiederholt hervorgehoben.

Der Dialog mit dem EuGH ist Aufgabe aller Gerichte, auch der Verfassungsgerichte.[25] Die Nichtvorlage einer Rechtssache unter Verstoß gegen Art. 267 AEUV wird – dem Charakter der Unionsrechtsordnung als wechselseitiger Auffang- und Kooperationsordnung entsprechend – sowohl unionsrechtlich[26] als auch verfassungsrechtlich sanktioniert.[27]

Zur Durchsetzung des Unionsrechts gehört aber auch die (horizontale) Kooperation nationaler (Verfassungs-)Gerichte mit Gerichten und Behörden anderer Mitgliedstaaten. Das gilt insbesondere im Bereich der Justiz- und Innenpolitik, etwa bei der Auslieferung zur Vollstreckung europäischer

---

20 Vgl. insoweit *Wohlfahrt*, Die Vermutung unmittelbarer Wirkung des Unionsrechts, 2016.

21 *Dörr*, Der europäisierte Rechtsprechungsauftrag deutscher Gerichte, 2003; der EuGH, Gutachten 1/09 v. 8.3.2011 – ECLI:EU:C:2011:123, Rn. 80, spricht, ein bisschen übergriffig, gar von „ordentlichen Unionsgerichten".

22 Deutschland: Art. 23 Abs. 1 GG i. V. m. dem Zustimmungsgesetz und Art. 20 Abs. 3 GG.

23 *Lecour*, Le juge devant le marché commun, 1970, 50.

24 *Huber*, VVDStRL 60 (2001), 194 (231 f.); *Mayer*, in: von Bogdandy/Bast (Hrsg.), Europäisches Verfassungsrecht, 2. Aufl. 2009, 559.

25 BVerfGE 125, 260 (308) – Vorratsdatenspeicherung; 126, 286 (303 f.) – Honeywell; 134, 366 (383 Rn. 24 und 27) – OMT-Vorlage; 140, 317 (339 Rn. 46) – Identitätskontrolle I; 142, 123 (204 Rn. 156) – OMT; *Knauff*, DVBl. 2010, 533 (535 f.); zur ursprünglich sehr unterschiedlich ausgeprägten Kooperationsbereitschaft der mitgliedstaatlichen Verfassungsgerichte vgl. *Huber*, in: Merten/Papier (Hrsg.), Handbuch der Grundrechte, Bd. VI/2, 2009, § 172 Rn. 88 m. w. N.

26 Vgl. z. B. EuGH, Urt v. 4.10.2018 – Rs. C-416/17 – ECLI:EU:C:2018:811 – Kommission/Frankreich (Accor II); gegen Schweden hat die Kommission ein Vertragsverletzungsverfahren wegen systematischer Missachtung der unionsrechtlichen Vorlageverpflichtung durch den schwedischen Obersten Gerichtshof mit einer entsprechenden Begründung eröffnet, von der Erhebung einer Klage beim Gerichtshof dagegen abgesehen (vgl. mit Gründen versehene Stellungnahme der Kommission v. 7.10.2004 – C(2004)3899/1).

27 Deutschland: Art. 101 Abs. 1 Satz 2 GG; zuletzt BVerfGE 135, 155 (230 ff. Rn. 176 ff.) – FFG; 147, 364 (378 f. Rn. 37 ff.); *Wolff*, AöR 141 (2016), 40; Spanien: Art. 24 CE; vgl. allgemein *Betz*, Die verfassungsrechtliche Absicherung der Vorlagepflicht, 2013.

Haftbefehle (§§ 78 IRG),[28] der Überstellung von Asylbewerbern[29] oder der Vollstreckung von Zivilurteilen und Bußgeldbescheiden. Grundlage dieser Kooperation ist ein – sachlich begründetes – gegenseitiges Vertrauen,[30] das auf den gemeinsamen Werten des Art. 2 EUV und der gemeinsamen Achtung des von der EMRK garantierten Mindeststandards (Art. 6 Abs. 3 EUV) beruht, im Einzelfall freilich auch enttäuscht werden kann. In jüngster Zeit scheinen sich derartige Enttäuschungen zu häufen.[31]

b) Wahrung von Kompetenzordnung und nationaler Verfassungsidentität als gemeinsame Aufgabe

Die Verpflichtung der nationalen Gerichte zur Kooperation beschränkt sich allerdings nicht auf die Durchsetzung des Unionsrechts, sondern betrifft auch die Wahrung seiner Grenzen. Hier kommt vor allem den nationalen Verfassungs- und Höchstgerichten eine besondere Aufgabe zu, weil die Einhaltung der Kompetenzordnung (Art. 4 und Art. 5 Abs. 1 Satz 2 und Abs. 2 EUV) und die Sicherung der jeweiligen Verfassungsidentität (Art. 4 Abs. 2 EUV) Determinanten für die Mitgliedschaft der einzelnen Mitgliedstaaten in der Europäischen Union sind und ihre strikte Beachtung Voraussetzung für Integrität und Funktionsfähigkeit dieses Staaten-, Verfassungs-, Rechtsetzungs-, Verwaltungs- und Verfassungsgerichtsverbundes. In diesem Bereich ist das Kooperationsverhältnis zwischen den Verfassungs- und Höchstgerichten und dem EuGH – noch weniger als sonst – keine Einbahnstraße, die letzterem die einseitige Durchsetzung seiner (zentralistischen) Ordnungsvorstellungen ermöglicht, sondern ein dialektischer Prozess, in dem die Verfassungs- und Höchstgerichte der Mitgliedstaaten in der Regel gleichberechtigt mit dem EuGH um das richtige Verständnis der Kompetenzordnung ringen, in Ausnahmefällen aber auch das entscheidende Wort bei der Konkretisierung der eigenen Verfassungsidentität sprechen müssen.

aa) Bekanntlich sind Maßnahmen von Organen, Einrichtungen und sonstigen Stellen der Europäischen Union nur zulässig, wenn sie sich auf eine

28 BVerfGE 140, 317 – Identitätskontrolle I; BVerfG EuGRZ 2016, 570; BVerfG, Beschl. v. 9.11.2016 – 2 BvR 545/16; EuGH, Urt. v. 5.4.2016 – Rs. C-404/15 und C-659/15 PPU – ECLI:EU:C:2016:198 – Aranyosi und Caldararu.

29 Vgl. nur BVerfG, Beschl. v. 8.5.2017 – 2 BvR 157/17 – Überstellung nach Griechenland.

30 EuGH, Urt. v. 26.2.2013 – Rs. C-399/11 – ECLI:EU:C:2013:107 – Melloni.

31 Deutschland: BVerfGE 140, 317 (355 ff. Rn. 84 ff.) – Identitätskontrolle I; Irland: High Court, Entsch. v. 23.3.2018 – Record No. 2013 EXT 295, 2014 EXT 8, 2017 EXT 291; EU: EuGH, Urt. v. 5.4.2016 – Rs. C-404/15 und C-659/15 PPU – ECLI:EU:C:2016:198 – Aranyosi und Caldararu; Urt. v. 25.7.2018 – Rs. C-216/18 PPU – ECLI:EU:C:2018:586 – LM (Europäischer Haftbefehl); Urt. v. 25.7.2018 – Rs. C-220/18 – ECLI:EU:C:2018:589 – PPU – Haftbedingungen in Ungarn.

begrenzte Einzelermächtigung (Art. 5 Abs. 1 Satz 2 EUV) stützen können. Insoweit sind sie auch demokratisch legitimiert. Umgekehrt – und das gilt nicht nur für Deutschland – verletzt eine Maßnahme von Organen, Einrichtungen und sonstigen Stellen der Europäischen Union das Demokratieprinzip bzw. den Grundsatz der Volkssouveränität (Art. 20 Abs. 2 Satz 1 GG), wenn sie nicht über eine hinreichende demokratische Legitimation durch das Zustimmungsgesetz verfügt.[32]

Vor diesem Hintergrund ist es ausweislich von Art. 19 Abs. 1 EUV zwar wiederum zunächst Sache des EuGH, über die Kompetenzverteilung zwischen der Europäischen Union und den Mitgliedstaaten zu entscheiden. Bei jeder Kompetenzfrage sind jedoch zugleich die verfassungsrechtlichen Grundlagen der Integration betroffen, und da der EuGH insoweit typischerweise immer zugunsten der Europäischen Union entscheidet – in fast 70 Jahren Rechtsprechungspraxis gibt es lediglich eine Hand voll Entscheidungen, die eine Verbandskompetenz der Europäischen Union und ihrer Vorläuferorganisationen verneint haben – sind die Verfassungs- und Höchstgerichte der Mitgliedstaaten hier, bei der Ultra-vires-Kontrolle, besonders gefordert.[33]

bb) Dass die nationalen Verfassungs- und Höchstgerichte darüber hinaus für den Schutz und die Integrität der jeweiligen Verfassungsidentität zuständig sind, liegt auf der Hand.

Für Deutschland sind die in Art. 1 und Art. 20 GG garantierten Grundsätze auch bei der Anwendung des Unionsrechts in Deutschland zu gewährleisten. Soweit Maßnahmen von Organen, Einrichtungen oder sonstigen Stellen der Europäischen Union diese Grundsätze – unmittelbar oder mittelbar – berühren, verletzen sie die der europäischen Integration Deutschlands gezogenen Grenzen offener Staatlichkeit. Schon 1974 hat das Bundesverfassungsgericht, in der *Solange I*-Entscheidung, festgestellt, dass Art. 24 Abs. 1 GG – die damals maßgebliche Grundlage für die Integration Deutschlands – nicht dazu ermächtige, „die Grundstruktur der Verfassung, auf der ihre Identität beruht, ohne Verfassungsänderung ... zu ändern“ und dass eine Änderung des Vertrages, „die die Identität der geltenden Verfassung der Bundesrepublik Deutschland durch Einbruch in die sie konstituierenden

32 BVerfGE 142, 123 (193 Rn. 132) – OMT.

33 Dänemark: Højesteret, Case No. 15/2014 – Dansk Industri (DI) acting for Ajos A/S vs. The estate left by A; Deutschland: BVerfGE 134, 366; 142, 123 – OMT; Tschechien: Ústavni Soud, Urt. v. 31.1.2012 – Pl. ÚS 5/12, Abschn. VII. – Holoubec; Großbritannien: Supreme Court, Urt. v. 22.1.2014 – [2014] UKSC 3 – R (on the application of HS2 Action Alliance Limited) v The Secretary of State for Transport and another, Rn. 157 ff. (Lord Neuberger and Lord Mance with whom Lady Hale, Lord Kerr, Lord Sumption, Lord Reed and Lord Carnwath agree).

Strukturen aufheben würde“, an Art. 24 GG scheitern würde.[34] Im *Solange II*-Beschluss vom 22. Oktober 1986 heißt es noch kategorischer, dass Art. 24 GG nicht dazu ermächtige, „im Wege der Einräumung von Hoheitsrechten für zwischenstaatliche Einrichtungen die Identität der geltenden Verfassungsordnung durch Einbruch in ihr Grundgefüge, in die sie konstituierenden Strukturen, aufzugeben“.[35]

Der verfassungsändernde Gesetzgeber hat diese Rechtsprechung 1992 in Art. 23 Abs. 1 Satz 3 GG kodifiziert, das Bundesverfassungsgericht sie im *Maastricht*-[36] und im *Lissabon*-Urteil[37] sowie in seinen Entscheidungen zur *Staatsschulden*- und *Eurokrise*,[38] zum *Europäischen Haftbefehl*,[39] zum *OMT*- und *PSPP-Programm* der EZB[40] sowie zur *Bankenunion*[41] fortgeführt und näher konturiert.

Im Verfassungsrecht der anderen Mitgliedstaaten finden sich vergleichbare oder ähnliche Vorkehrungen. In Dänemark gilt dies für das Erfordernis der souveränen Staatlichkeit,[42] in Frankreich für die Garantie der republikanischen Staatsform in Art. 89 CF, worunter mehr verstanden wird als ein Monarchieverbot[43] und in Griechenland für die Menschenrechte, die Grundlagen der demokratischen Staatsordnung (Art. 28 Abs. 2 und 3 GriechVerf.) und die in Art. 110 Abs. 1 GriechVerf. aufgeführten Schutzgüter.[44] In Italien hat die Corte Costituzionale die sog. Controlimiti-Doktrin entwickelt,[45] und in Österreich markieren die „Baugesetze der Bundesverfassung“ nach Art. 44 Abs. 3 B-VG in der Form, die sie durch das EU-Bei-

---

34 BVerfGE 37, 271 (279 f.) – Solange I.

35 BVerfGE 73, 339 (375 ff.) – Solange II.

36 BVerfGE 89, 155 (182 ff.) – Maastricht.

37 BVerfGE 123, 267 (343 ff.) – Lissabon.

38 BVerfGE 129, 124 (177) – EFSF; 132, 195 (240 f. Rn. 109 f.) – e. A. ESM; 135, 317 – ESM.

39 BVerfGE 140, 317 – Identitätskontrolle I.

40 BVerfGE 142, 123 – OMT; 143, 146 – PSPP-Vorlage.

41 BVerfGE 151, 202 – Europäische Bankenunion.

42 Højesteret, Urt. v. 6.4.1998 – I 361/1997, Rn. 9.8. – EuGRZ 1999, 49 (52 Rn. 9.8); *Thomas*, ZaöRV 58 (1998), 879 (898).

43 Conseil constitutionnel, Entsch. Nr. 92–312 DC v. 2.9.1992 = EuGRZ 1993, 193 (194) – Maastricht II; Entsch. Nr. 2006–540 DC v. 27.7.2006, Abschn. 19; Entsch. Nr. 2011–631 DC v. 9.6.2011, Abschn. 45; Conseil d’État, Entsch. Nr. 287110 v. 8.2.2007 – Société Arcelor Atlantique et Lorraine – EuR 2008, 57(60 f.); *Flauss*, in: Schwarze (Hrsg.), Die Entstehung einer europäischen Verfassungsordnung, 2000, 25 (79).

44 Zu den Auslegungsproblemen *Iliopoulos-Strangas*, in: von Bogdandy/Cruz Villalón/Huber (Hrsg.), IPE II, § 16 Rn. 41 ff.

45 Art. 139 Cost.; Corte costituzionale, Entsch. Nr. 183/1973 – Frontini; Entsch. Nr. 170/1984 – Granital; Entsch. Nr. 232/1989 – Fragd; Entsch. Nr. 168/1991; Entsch. Nr. 117/1994 – Zerini; Entsch. Nr. 24/2017 – Taricco I; Entsch. Nr. 115/2018 – Taricco II.

trittsB-VG 1994 erhalten haben, die österreichische Verfassungsidentität.[46] Die schwedische Verfassung benennt „die Prinzipien betreffend den Zustand des Staates" als Grenze für die Integration (Kapitel 10 Art. 6 Satz 1 RF), wozu die Literatur vor allem die Druckfreiheitsverordnung, die Transparenz und den Zugang zu Dokumenten zählt,[47] während das Tribunal Constitucional in Spanien auf einen „Kern" von integrationsfesten „Werten und Prinzipien" der Verfassung erkannt, deren genauere Konturierung jedoch offen gelassen hat.[48] Auch in Belgien sind die Grenzen des Art. 34 BelgVerf. zwar noch nicht im Einzelnen ausbuchstabiert; dass es sie gibt, hat der Verfassungsgerichtshof in seiner Entscheidung vom 28. April 2016 zum Vertrag über Stabilität, Koordinierung und Steuerung in der Wirtschafts- und Währungsunion (SKSV) jedoch deutlich gemacht.[49] Entscheidungen zur Verfassungsidentität bzw. zu den Grenzen einer Übertragung von Souveränitätsrechten auf die EU finden sich ferner in Estland,[50] Irland,[51] Lettland,[52] Polen[53] und Tschechien.[54]

Die Identitätskontrolle durch nationale Verfassungsgerichte widerspricht nicht nur nicht dem Grundsatz der loyalen Zusammenarbeit im Sinne von Art. 4 Abs. 3 EUV. Sie ist in Art. 4 Abs. 2 Satz 1 EUV ausdrücklich angelegt und trägt den institutionellen Gegebenheiten der Europäischen Union, die ihre Grundlage in völkerrechtlichen Verträgen der Mitgliedstaaten findet und in der diese – unbeschadet ihrer vertraglichen bzw. unionsrechtlichen Verpflichtungen – als Herren der Verträge durch eigene nationale Geltungsanordnungen darüber entscheiden, ob und wie das Unionsrecht jeweils

---

46 *Grabenwarter*, in: von Bogdandy/Cruz Villalón/Huber (Hrsg.), IPE II, 2008, § 20 Rn. 34 und 55; *Öhlinger*, in: ders. (Hrsg.), Verfassungsfragen einer Mitgliedschaft zur Europäischen Union, 1999, 165 (179); *Öhlinger*, in: Hummer (Hrsg.), Die Europäische Union nach dem Vertrag von Amsterdam, 1998, 297 (300 f).

47 *Nergelius*, in: von Bogdandy/Cruz Villalón/Huber (Hrsg.), IPE II, § 22 Rn. 19 und 34.

48 Tribunal Constitucional, STC 64/1991; DTC 1/2004, Abschn. 2; STC 26/2014, Abschn. 3 – HLRJ 2014, 475 (477 f.); *López Castillo*, in: von Bogdandy/Cruz Villalón/Huber (Hrsg.), IPE II, § 24 Rn. 21 und 63 ff.

49 BelgVerfGH, Entsch. Nr. 62/2016 v. 28.4.2016 – SKS-Vortrag

50 Riigikohus, Urt. v. 12.7.2012, Nr. 3-4-1-6-12, Rn. 128 und 223.

51 Supreme Court of Ireland, Crotty v. An Taoiseach, 1987, I. R. 713 (783); S. P. U. C. (Ireland) Ltd. v. Grogan, 1989, I. R. 753 (765).

52 Satversmes tiesa, Urt. v. 7.4.2009, 2008-35-01, Rn. 17.

53 Trybunal Konstytucyjny, Urt. v. 11.5.2005, K 18/04, Rn. 4.1. und 10.2.; Urt. v. 24.11.2010, K 32/09, Rn. 2.1. ff.; Urt. v. 16.11.2011, SK 45/09, Rn. 2.4. und 2.5. m. w. N.

54 Ústavni Soud, Urt. v. 8.3.2006, Pl. ÚS 50/04, Abschn. VI.B.; Urt. v. 3.5.2006, Pl. ÚS 66/04, Rn. 53; Urt. v. 26.11.2008, Pl. ÚS 19/08, Rn. 97, 113 und 196; Urt. v. 3.11.2009, Pl. ÚS 29/09, Rn. 110 ff.; Urt. v. 31.1.2012, Pl. ÚS 5/12, Abschn. VII – Holoubec.

Geltung und Vorrang beanspruchen kann,[55] in besonderer Weise Rechnung. Dass die Berufung auf die Verfassungsidentität auch missbraucht werden kann,[56] ändert daran nichts. Insoweit gilt für die Verfassungsidentität nichts anderes als für jedes andere Rechtsinstitut auch.

2. Kooperation auf Augenhöhe – Defizite und Chancen

Von einer Kooperation im Verfassungsgerichtsverbund, die den Namen verdient, kann vor diesem Hintergrund nicht schon dann gesprochen werden, wenn auch die Verfassungs- und Höchstgerichte dem EuGH Vorabentscheidungsersuchen nach Art. 267 AEUV unterbreiten und dies dort als willkommene Unterwerfungsgeste (miss-)verstanden wird, wobei die Antwort zweitrangig ist. Es entspricht vielmehr der Ratio des Verfassungsgerichtsverbundes, dass der EuGH gerade die ihm von den Verfassungs- und Höchstgerichten unterbreiteten Rechtsfragen und Probleme besonders ernst nimmt und sie auch in einen größeren Kontext einordnet. Zwar zeigt der EuGH im Ergebnis, seltener in der Begründung, insoweit durchaus Sensibilität. Das hat schon *Ulrich Everling* anschaulich dargelegt,[57] und wird durch zahlreiche Beispiele untermauert,[58] nicht zuletzt durch die in jüngerer Zeit ergangenen Urteile *Gauweiler*[59] und *Taricco II.*[60] Ob dies genügt, erscheint allerdings fraglich.

Bislang jedenfalls sieht sich die Funktionsfähigkeit des Verfassungsgerichtsverbundes durch das Selbstverständnis des EuGH und die mitunter oberflächliche Art und Weise, wie er mit Vorlagen auch von Verfassungs- und Höchstgerichten verfährt, herausgefordert. Hinzu kommt, dass er den Grundsatz der begrenzten Einzelermächtigung (Art. 5 Abs. 1 Satz 1 und Abs. 2 EUV) nicht ernst nimmt und sich über vertragliche Grenzen stets phantasievoll hinwegsetzt. Mit einer Kombination von Vorabentscheidungs- und Vertragsverletzungsverfahren hat er die Höchstgerichte der Mit-

55 BVerfGE 142, 123 (194 Rn. 136 ff.) – OMT.

56 Ungar. VerfG, Entsch. Nr. 22/2016. (XII. 5.) AB zur Interpretation von Article E) (2) ungGG.

57 *Everling*, JZ 2000, 217 (219).

58 EuGH, Urt. v. 2.7.1996 – Rs. C-473/93 – ECLI:EU:C:1996:263, Rn. 35 – Kommission/Luxemburg; Urt. v. 14.10.2004 – Rs. C-36/02 – ECLI:EU:C:2004:614, Rn. 31 ff. – Omega; Urt. v. 12.6.2014 – Rs. C-156/13 – ECLI:EU:C:2014:1756, Rn. 34 – Digibet und Albers. Das größte aktuelle Problem ist – neben der nach wie vor offenen Baustelle des Art. 51 Abs. 1 GRCh – die Handhabung der Kompetenzordnung durch den Gerichtshof. In fast 70 Jahren hat er die Verbandskompetenz der EU lediglich in einer Hand voll Entscheidungen verneint. Das macht ihn nicht zu einem glaubwürdigen Schiedsrichter zwischen EU und Mitgliedstaaten.

59 EuGH, Urt. v. 16.6.2015 – Rs. C-62/14 – ECLI:EU:C:2015:400 – Gauweiler.

60 EuGH, Urt.v. 5.12.2017 – Rs. C-42/17 – ECLI:EU:C:2017:936 – Taricco II.

gliedstaaten zur Folgsamkeit gezwungen,[61] ohne sich seinerseits jedoch immer ernsthaft auf die in Rede stehenden Fragen der nationalen Verfassungsidentiät einzulassen.[62] Stattdessen hat er mit der Fiktion der Autonomie der Unionsrechtsordnung den Weg bereitet, sich selbst zum Höchstgericht Europas aufzuschwingen.[63] Man liegt daher wohl auch nicht falsch, wenn man in der als unkontrollierbar empfundenen Rechtsprechung des EuGH jedenfalls einen Grund für den Brexit sieht.[64] Sie war eine der Ursachen für das Unbehagen des britischen Establishments an der Europäischen Union und die Befürchtung, dass sich die Verfassungsidentität Großbritanniens unter dem Druck der Europäisierung und der Rechtsprechung des EuGH verflüchtigen würde.[65] Auch aus Verfassungs- und Höchstgerichten anderer Mitgliedstaaten hört man in jüngster Zeit mit Blick auf Luxemburg den Satz: „We don't want to be lectured any longer".

61 Z.B. EuGH, Urt. v. 4.10.2018 – Rs. C-416/17 – ECLI:EU:C:2018:811 – Kommission/Frankreich (Accor II); gegen Schweden hatte die Kommission ein Vertragsverletzungsverfahren wegen systematischer Verletzung der Vorlagepflicht eröffnet, jedoch keine Klage beim Gerichtshof erhoben, vgl. mit Gründen versehene Stellungnahme der Kommission v. 7.10.2004, C(2004)3899; dazu auch GA *Wathelet*, Schlussantrag zu Rs. C-416/17, ECLI:EU:C:2018:626, Fn. 2, sowie *Nergelius*, in: v. Bogdandy/Cruz Villalón/Huber (Hrsg.), IPE II, § 22 Rn. 43 Fn. 59.

62 Deutschland: So hat das Bundesverfassungsgericht in beiden Vorlagen zu den Ankaufprogrammen der EZB das Problem thematisiert, dass deren Unabhängigkeit eine Absenkung des demokratischen Legitimationsniveaus bedeute und dies zu einer strikten Interpretation des Mandats zwinge, BVerfGE 134, 366 (399 f.) – OMT-Vorlage; 146, 216 (277 ff.) – PSPP-Vorlage. Der EuGH ist darauf weder im Urteil *Gauweiler* noch im Urteil *Weiss* eingegangen, vgl. EuGH, Urt. v. 16.6.2015 – Rs. C-62/14 – ECLI:EU:C:2015:400 – Gauweiler und Urt. v. 11.12.2018 – Rs. C-493/17 – ECLI:EU:C:2018:1000 – Weiss u. a. Defizitär ist auch der Umgang mit dem deutschen Staatskirchenrecht, vgl. *Huber*, in: Uhle/Schlagheck (Hrsg.), Individualität und Institutionalität – 100 Jahre staatskirchenrechtliche Bestimmungen der Weimarer Reichsverfassung, Essener Gespräche zum Thema Staat und Kirche, Bd. 54 (2018), 108 (131 f.).

63 Vgl. EuGH, Urt. v. 4.10.2018 – Rs. C-416/17 – ECLI:EU:C:2018:811 – Kommission/Frankreich; Urt. v. 26.2.2019 – Rs. C-202/18 und C-238/18 – ECLI:EU:C:2019:139 – Rimšēvičs/Lettland. Instruktiv *Bouveresse*, in: ECB Legal Conference 2019, 104, abrufbar unter https://www.ecb.europa.eu/pub/pdf/other/ecb.ecblegalconferenceproceedings201912~9325c45957.en.pdf?258d648ffcf1be39f9d927e5c13f393f <16.3.2020>; *Schön*, ZHR 183 (2019), 393.

64 In diesem Sinne etwa *Nicolaides*, Maastricht Journal of European and Comparative Law 25 (2018), 7 (8 m.w.N.); jedenfalls war der Rechtsprechungsaktivismus des EuGH ein von den Brexit-Befürwortern immer wieder gebrauchtes Argument im Rahmen ihrer Kampagne für einen Austritt: *Johnson*, The Telegraph, 13.3.2016, abrufbar unter: https://www.telegraph.co.uk/opinion/2016/03/16/boris-johnson-exclusive-there-is-only-one-way-to-get-the-change/ <16.3.2020>; *Wheeler*, UK Human Rights Blog v. 9.2.2016, abrufbar unter https://ukhumanrightsblog.com/2016/02/09/cavalier-with-our-constitution-a-charter-too-far/<16.3.2020>; *Howard/Aikens*, The Telegraph, 22.6.2016, https://www.telegraph.co.uk/news/2016/06/22/the-eus-court-is-picking-apart-our-laws/<16.3.2020>.

65 Symptomatisch insoweit Supreme Court, Urt. v. 22.1.2014 – [2014] UKSC 3 – R (on the application of HS2 Action Alliance Limited) v The Secretary of State for Transport and another, Rn. 79 und 207; Urt. v. 25.3.2015 – [2015] UKSC 19 – Pham v. Secretary of State for the Home Department, Rn. 54, 58 und 72–92.

Vor diesem Hintergrund ist der EuGH auch mit Blick auf die Identitätskontrolle besonders gefordert. Es ist dabei seine Aufgabe, Konflikte mit den Kernbereichen der nationalen Verfassungsordnungen schon im Vorfeld zu vermeiden. Dazu hat er sich nicht nur trickreich die Aufgabe erschlossen, über die in Art. 2 EUV niedergelegten Werte zu judizieren, die jedenfalls in vielen Mitgliedstaaten ganz oder teilweise zur Verfassungsidentität gehören,[66] so dass er durchaus einen Beitrag zur Bewahrung der nationalen Verfassungsidentität leisten kann. Mit der unionsrechtlichen Verpflichtung des Art. 4 Abs. 2 EUV, die Verfassungsidentität der Mitgliedstaaten zu achten,[67] hat er zugleich ein Instrument, um möglichen Missbräuchen dieses Instituts zu begegnen.[68] Da er über den Inhalt der jeweiligen Verfassungsautonomie nicht selbst entscheiden kann – Art. 4 Abs. 2 EUV ist zwar eine Vorschrift des Unionsrechts, enthält aber eine Rechtsgrundverweisung auf das nationale Verfassungsrecht – muss sich der EuGH ernsthaft um die Ermittlung der entsprechenden Gewährleistungsgehalte bemühen. Das ist nicht nur eine Konsequenz des Kooperationsverhältnisses zwischen dem EuGH und den nationalen Verfassungs- und Höchstgerichten; es ergibt sich auch aus Art. 47 GRCh und Art. 6 EMRK, die grundsätzlich zu einer vollständigen Tatsachen-, auf jeden Fall aber zu einer umfassenden Rechtskontrolle verpflichten.[69]

Steht bei der Entscheidung eines Rechtsfalls eine Berührung der nationalen Verfassungsidentität im Raum, so kann der EuGH dies nicht – wie im Fall *Egenberger* geschehen[70] – ignorieren. Er ist vielmehr schon de lege lata ver-

---

66 Vgl. EuGH, Urt. v. 27.2.2018 – Rs. C-64/16 – ECLI:EU:C:2018:117 – Associação Sindical dos Juízes Portugueses; Beschl. v. 19.10.2018 – Rs. C-619/18 R – ECLI:EU:C:2018:852 – e. A. Kommission/Polen; Urt. v. 24.6.2019 – Rs. C-619/18 – ECLI:EU:C:2019:531 – Kommission/Polen; Urt. v. 27.5.2019 – verb. Rs. C-508/18 und C-82/19 PPU – ECLI:EU:C:2019:456 – OG und PI (Unabhängigkeit der deutschen Staatsanwaltschaft).

67 Zur Praxis vgl. EuGH, Urt. v. 2.7.1996 – Rs. C-473/93 – ECLI:EU:C:1996:263, Rn. 35 – Kommission/Luxemburg; Urt. v. 14.10.2004 – Rs. C-36/02 – ECLI:EU:C:2004:614, Rn. 31 ff. – Omega; Urt. v. 22.12.2010 – Rs. C-208/09 – ECLI:EU:C:2010:806, Rn. 92 – Sayn-Wittgenstein; Urt. v. 12.6.2014 – Rs. C-156/13 – ECLI:EU:C:2014:1756, Rn. 34 – Digibet und Albers.

68 Zu den unterschiedlichen Anforderungen von Art. 4 Abs. 2 EUV und Art. 79 Abs. 3 GG BVerfGE 134, 366 (386) – OMT-Vorlage.

69 Zu Art. 47 GRCh: EuGH, Urt. v. 6.11.2012 – Rs. C-199/11 – ECLI:EU:C:2012:684, Rn. 49 – Otis; Urt. v. 17.12.2015 – Rs. C-300/14 – ECLI:EU:C:2015:825, Rn. 38 – Imtech; *Jarass*, in: ders. (Hrsg.), Charta der Grundrechte der EU, 3. Aufl. 2016, Art. 47 Rn. 30; *Eser*, in: Meyer (Hrsg.), Charta der Grundrechte der Europäischen Union, 4. Aufl. 2014, Art. 47 Rn. 10 Fn. 34; zu Art. 6 EMRK: EGMR, Urt. v. 21.9.1993 – Nr. 12235/86 – ECLI:CE:ECHR:1993:0921JUD001223586, Rn. 38 – Zumtobel; Urt. v. 7.11.2002 Nr. 37571/97 – ECLI:CE:ECHR:2002:1107JUD003757197, Rn. 70 – Veeber; *Mayer*, in: Karpenstein/ders. (Hrsg.), EMRK, 2. Aufl. 2015, Art. 6 Rn. 51; *Grabenwarter/Pabel*, in: Dörr/Grote/Marauhn (Hrsg.), EMRK/GG Konkordanzkommentar, Bd. I, 2. Aufl. 2013, Kap. 14 Rn. 40 m. w. N.

70 EuGH, Urt. v. 17.4.2018 – Rs. C-414/16 – ECLI:C:2018:257 – Egenberger.

pflichtet, diese Frage lege artis zu klären, was idealiter durch eine Anfrage bei dem zur maßgeblichen Interpretation der in Rede stehenden Verfassung berufenen Gericht geschehen muss. Diese – an sich nahe liegende – Option, die nationalen Verfassungsgerichte an der Ermittlung der nationalen Verfassungsrechtslage zu beteiligen, hat der Gerichtshof bislang allerdings noch nicht erwogen. Er begründet dies mit dem Argument, dass der Vertrag bzw. die Satzung eine solche Anfrage nicht vorsähen; bei der Gestaltung seines Verfahrens genießt er andererseits ein weites Ermessen, was auch zugunsten einer angemessenen Sachverhaltsermittlung genutzt werden kann.

In der Sache dürfte ein solch umgekehrtes Vorabentscheidungsersuchen für den Gerichtshof zwar nicht sonderlich attraktiv sein, weil es ihn zum einen zwänge, die spezifische Rolle der Verfassungs- und Höchstgerichte anzuerkennen, und weil es zum anderen seine Begründungslasten erhöhen würde. De lege ferenda sollte der Vertragsgeber im AEUV gleichwohl einen Art. 267a verankern, der den EuGH in Fällen von Art. 4 Abs. 2 EUV zu einer Vorlage an das jeweilige nationale Verfassungs- oder Höchstgericht verpflichtet. Das wäre gewissermaßen der Schlussstein im Gewölbe des Verfassungsgerichtsverbundes.

3. Ausblick

Alle Glieder des Verfassungsgerichtsverbundes tragen eine besondere Verantwortung für das Funktionieren des Rechtsprechungsverbundes und damit letztlich auch für den Erfolg des als Rechtsgemeinschaft verfassten Staatenverbundes der Europäischen Union und des Europäischen Rechtsraumes insgesamt. Diese über den eigenen Zuständigkeitsbereich hinausweisende Mitverantwortung für das Ganze gründet für die Verfassungs- und Höchstgerichte in ihrer (verfassungskräftigen) Integrationsverantwortung,[71] für den EuGH in Art. 19 EUV und für den EGMR in Art. 19 EMRK. Dabei scheinen letztlich allein die Verfassungs- und Höchstgerichte in der Lage, auch im Verfassungsgerichtsverbund für die notwendigen *Checks and Balances* zu sorgen. Angesichts der eher theoretischen Möglichkeiten von Europäischer Kommission, Rat und Europäischem Parlament, eine missbilligte Rechtsprechung zu korrigieren, ist die – gegebenenfalls auch kontroverse – Kooperation im Verfassungsgerichtsverbund, bei dem das „letzte

71 Für Deutschland vgl. BVerfGE 134, 366 (394 ff. Rn. 44 ff.) – OMT-Vorlage; 135, 317 (393 f. Rn. 146) – ESM; 142, 123 (180 Rn. 99) – OMT; 151, 202 (279 f. Rn. 101) – Europäische Bankenunion.

Wort" definitionsgemäß in der Schwebe bleibt, das einzige praktikable Korrektiv. Das gilt – mutatis mutandis – auch für den EGMR. Vor allem wenn mehrere Verfassungs- und Höchstgerichte – ggf. sogar in zeitlichem Zusammenhang – Rechtsprechungsrichtlinien entwickeln, die von jener aus Luxemburg bzw. Straßburg abweichen, wird dies die Rechtsprechung der europäischen Gerichtshöfe nicht unberührt lassen. Dieser Diskurs mag missbrauchsanfällig sein und kurzfristig auch abträglich für die Rechtssicherheit. Im Interesse der Integrität, Kohärenz und Dauerhaftigkeit des Europäischen Rechtsraumes ist er jedoch einem Austritt aus der EU (Art. 50 EUV) oder einem Rückzug aus der EMRK in jedem Fall vorzuziehen.

Autoren- und Herausgeberverzeichnis

Prof. Dr. Winfried Bausback

Professor für Öffentliches Recht – insbesondere Europäisches und Internationales Wirtschaftsrecht – an der Bergischen Universität Wuppertal, Mitglied des Bayerischen Landtags, Staatsminister a. D.

Prof. Dr. Dr. Christoph Grabenwarter

Professor für Öffentliches Recht, Wirtschaftsrecht und Völkerrecht an der Wirtschaftsuniversität Wien, Präsident des Verfassungsgerichtshofes Österreich

Prof. Dr. Peter Michael Huber

Professor für Öffentliches Recht und Staatsphilosophie an der Ludwig-Maximilians-Universität München, Richter des Bundesverfassungsgerichts, Minister a. D.

Prof. Dr. Günter Krings

Parlamentarischer Staatssekretär beim Bundesminister des Innern, für Bau und Heimat und Honorarprofessor an der Universität zu Köln sowie Vorsitzender der Deutschen Gesellschaft für Gesetzgebung

Prof. Dr. Koen Lenaerts

Professor für Europarecht an der Katholischen Universität Leuven, Präsident des Gerichtshofs der Europäischen Union

Prof. Dr. Stefan Storr

Professor für Österreichisches und Europäisches Öffentliches Recht an der Wirtschaftsuniversität Wien

Prof. Dr. Sebastian Unger

Professor für Öffentliches Recht, Wirtschafts- und Steuerrecht an der Ruhr-Universität Bochum

Prof. Dr. Ferdinand Wollenschläger

Professor für Öffentliches Recht, Europarecht und Öffentliches Wirtschaftsrecht an der Universität Augsburg